国家社科基金青年项目"政策性农业融资担保有效研究"（17CGL031）

山东省高等学校青创科技计划项目"政策性农业融资担保有效性评价与运行机制优化研究"（2020RWE004）

U0514443

政策性农业融资担保有效运行模式研究

冯 林◎著

ZHENGCEXING NONGYE RONGZI DANBAO
YOUXIAO YUNXING MOSHI YANJIU

中国财经出版传媒集团

经济科学出版社

Economic Science Press

图书在版编目（CIP）数据

政策性农业融资担保有效运行模式研究／冯林著
. -- 北京：经济科学出版社，2022.9
ISBN 978 - 7 - 5218 - 4052 - 0

Ⅰ.①政…　Ⅱ.①冯…　Ⅲ.①农业 - 融资 - 担保 - 研
究 - 中国　Ⅳ.①F832.35

中国版本图书馆 CIP 数据核字（2022）第 174946 号

责任编辑：刘　悦
责任校对：齐　杰
责任印制：邱　天

政策性农业融资担保有效运行模式研究

冯　林　著

经济科学出版社出版、发行　新华书店经销
社址：北京市海淀区阜成路甲 28 号　邮编：100142
编辑部电话：010 - 88191458　发行部电话：010 - 88191522
网址：www. esp. com. cn
电子邮箱：esp@ esp. com. cn
天猫网店：经济科学出版社旗舰店
网址：http：//jjkxcbs. tmall. com
北京时捷印刷有限公司印装
710 × 1000　16 开　9.5 印张　150000 字
2022 年 11 月第 1 版　2022 年 11 月第 1 次印刷
ISBN 978 - 7 - 5218 - 4052 - 0　定价：50.00 元
（图书出现印装问题，本社负责调换。电话：010 - 88191510）
（版权所有　侵权必究　打击盗版　举报热线：010 - 88191661
QQ：2242791300　营销中心电话：010 - 88191537
电子邮箱：dbts@ esp. com. cn）

前　　言

　　乡村产业振兴是我国实现乡村振兴和推进农村共同富裕的基础，但当前农业经营主体"融资难、融资贵"越发成为制约我国农业产业发展和农业竞争力提升的重要因素，而抵押担保条件不足是农业融资难题的核心"痛点"。国内外研究表明，政策性担保作为抵押品替代机制，是弥补农业信贷市场失灵、提高农业经营主体信贷可得性的有效手段。但我国传统政策性农业融资担保实践中，担保机构无法在可持续运行条件下提高农业经营主体信贷可得性，面临有效性难题。因此，从理论层面分析政策性农业融资担保的有效运行机理和条件，对于实现政策性农业融资担保的有效运行具有重要的理论价值。但既有研究尚未从统一的理论框架分析政策性农业融资担保兼顾持续性和政策性双重目标的机理和条件，无法回答政策性农业融资担保有效性问题的形成机理。

　　与传统政策性农业融资担保相比，我国新型政策性农业融资具备了可持续运行的制度基础。部分省份的政策性农业担保机构通过构建多种运行模式并设计一系列的运行机制，初步实现了兼顾持续性目标和政策性目标的有效运行，农业经营主体"融资难、融资贵"的局面得到初步扭转。但总体来看，我国新型政策性农业融资担保体系仍普遍存在担保贷款规模不大、放大倍数不高、代偿风险突出等问题，运行有效性亟待提升。因此，从实践层面概括中国政策性农业融资担保成功案例的典型运行模式，分析其满足有效运行条件的运行机制，对于提高我国政策性农业融资担保有效性也具有现实指导意义。但既有研究尚未系统梳理总结我国新型政策性农业融资担保成功案例蕴含的理论价值及实践经验。

针对上述问题，本书首先分析中国政策性农业融资担保建设发展历程及现状；其次抽象出政策性农业融资担保有效性及有效性问题的理论内涵，进而分析政策性农业融资担保有效运行的理论机理及有效运行条件，在概括总结我国政策性农业融资担保典型运行模式的基础上，结合四省份案例对政策性农业融资担保有效运行条件进行实证检验；最后结合政策性农业融资担保国际经验的借鉴，提出完善我国政策性农业融资担保运行模式，提升我国政策性农业融资担保有效性的政策建议。

研究发现，政策性担保机构双重目标的冲突是政策性农业融资担保有效性问题的现实表现，政策性农业融资担保有效性问题的实质是农业担保贷款各参与主体之间的激励相容冲突。政策性农业融资担保的有效运行需要降低农业信贷交易中的信息成本、农业经营主体反担保门槛、农业担保贷款交易成本、政策性农业担保机构的风险成本，提高政府成本和风险补偿及农业信贷市场竞争水平。我国新型政策性农业融资担保政策实践中，政策性农业担保机构构建了政府合作、银行合作及产业链合作三种运行模式，能够依托业务合作伙伴降低农业信贷交易的信息成本、采用灵活的反担保措施降低农业经营主体反担保门槛、利用批量化便捷化的交易模式降低农业信贷交易成本、构建多元化的风险分担机制以降低担保机构风险成本、借助政府支持转嫁农业融资担保的各项成本和风险、通过激活农业信贷市场银行竞争挤出银行垄断利润，实现了政策性农业融资担保的有效运行。

相较于以往研究，本书实现了以下方面的创新：一是从研究视角方面，将政策性农业融资担保置于农业担保贷款交易关系的中心，从政策性农业融资担保主导地位建立和主动性发挥的现实需求出发，研究政策性农业融资担保兼顾持续性目标和政策性目标的有效性问题，改变了以往将政策性农业融资担保作为农业融资外生变量的研究视角。二是从研究内容方面，本书以分析和解决政策性农业融资担保有效性问题为主线，概括有效性的理论内涵，构建有效性分析框架，实证分析其有效运行机理和条件，丰富了政策性农业融资担保研究的内容体系。三是从研究对象方面，本书以我国新型政策性农业融资担保为研究对象，总结其制度特点，分析其运行成效，概括其典型运行模式和机制，提炼其有效运行经验，首次系统总结我国新型农业信贷担保政策实践蕴含的理论价值和实践经验。

本书从理论层面实证检验政策性农业融资担保的有效性机理和条件，为分析政策性农业融资担保有效性问题、提高政策性农业融资担保有效性提供分析框架和思路借鉴；从实践层面概括我国新型政策性农业融资担保典型运行模式，提炼其有效运行经验，对科学构建政策性农业融资有效运行模式、提升其运行有效性具有现实指导意义，对其他类型的政策性担保，尤其是地方政府融资担保体系的建设和有效运行也具有借鉴意义。

冯林

2022 年 7 月

目　　录

第 1 章

绪　　论

1.1　研究目的及意义

1.1.1　研究背景

乡村产业振兴是我国实现乡村振兴和推进农村共同富裕的基础，但随着我国农业产业化、规模化和集约化水平的提升，新型农业经营主体面临的融资约束更为严重（孔荣等，2009；马九杰和沈杰，2010；钱克明和彭延军，2013；蒋例利和王定祥，2017）。农业经营主体"融资难、融资贵"越发成为制约我国农业产业发展和农业竞争力提升的重要因素，而抵押担保条件不足是农业融资难题的核心痛点。由于农业信贷市场严重的信息不对称，抵押物以及贷款利率和贷款额度成为银行信贷的可靠信息甄别工具（Bester，1985；Besanko and Thankor，1987；Stiglitz and Weiss，1992），但对于农业经营主体而言，提供充足的抵押物十分困难，由第三方提供保证担保成为抵押物的良好替代（Hoff and Stiglitz，1990；Boot et al.，1991；Levisky，1997）。国内外研究表明，政策性担保能够发挥抵押品替代作用，降低政策支持对象的融资门槛和融资成本，因而被世界各国广泛用于支持抵押品缺失的农业和中小企业客户获得银行贷款（Beck et al.，2010；Zander et al.，2013）。因为政策性担保通过改变银行的风险回报率，可以激励银行（Cowling，2010；Cowling and Siepel，2013；Honohan，2010）向信息不透明和或抵押资产不足的借款人发放贷款。

政策性农业融资担保是深入推进农业供给侧结构性改革背景下改革财政支农投入机制，引导金融资本投入农业，为新型农业经营主体"补短板""降成本"的重要举措。在我国深入推进农业供给侧结构性改革的背景下，建立农业信贷担保体系是创新财政支农机制、放大财政支农政策效应、提高财政支农资金使用效益的重要举措，不仅有利于加快转变农业发展方式，促进现代农业发展，对于稳增长、促改革、调结构、惠民生也具有积极意义。但与此同时，担保机构缓解银行和企业之间的信息不对称问题的同时，其自身与企业和银行之间又产生了新的信息不对称，担保机构的加入有可能会加剧信息不对称带来的逆向选择问题和道德风险（郝蕾和郭曦，2005；金雪军和陈杭生，2007）。因为在借款人没有任何抵押担保品的前提下，第三方担保如果不能准确观测到借款人的真实风险和收益，反而会进一步加深逆向选择问题，甚至形成"信用担保悖论"（付俊文和赵红，2004；卞亦文和王有森，2009），最终导致银行金融机构停止信贷投放或政策性担保机构退出市场。显然，政策性农业融资担保的有效运行和政策性目标的实现需要满足一系列前提条件，而且如果缺乏良好的运行机制，担保机构难以维持自身可持续发展，其作用效果也将十分有限。

20世纪90年代，我国许多地方政府借鉴国际经验，建立了众多农业担保机构（以下简称"传统农业担保机构"），但是它们普遍缺乏甄别农户信用风险及开发设计农业担保贷款产品等专业优势，不能真正降低农业信贷交易成本和风险（朱乾宇和马九杰，2012），对金融机构缺乏足够的吸引力，因而无法引导银行扩大农业信贷投放（林平和袁中红，2005），抑或降低农业贷款利率。而如果担保机构通过市场化担保费率和严格的反担保条件覆盖运营成本并控制风险，势必提高农业经营主体的融资成本；如果担保机构执行优惠费率、降低反担保要求，则很难维持自身的可持续发展，其政策性目标的实现往往是以牺牲自身可持续能力为代价的。在传统政策性农业融资担保实践中，担保机构为实现政策性目标，承担了绝大部分甚至全部的信贷风险，以牺牲自身可持续性换取银行的业务合作。最终，传统农业担保机构大多难以兼顾政策性和持续性双重目标而偏离支农目标定位，或者因过高的代偿损失陷入停摆，政策效果十分有限。2013～2017年，我国五个中央一号文件持续提出发展农业融资担保的政策要求，2015年开始，我国利用中央财政农业支持和保护资金建设农业政策性担保体系（以下简称"新型政策性农业融资担保"）。

与传统政策性农业融资担保相比，我国新型政策性农业融资担保明确了担保机构的政策性定位、强调建立系统的组织体系和独立的担保机构、倡导构建互利共赢的银担长期合作关系、鼓励地方政府出台全面完善的支持政策，因而具备了可持续运行的制度基础。实践运行结果表明，我国新型政策性农业融资担保体系建设初见成效，部分省份政策性农业融资担保初步实现了兼顾持续性目标和政策性目标的有效运行，农业经营主体"融资难、融资贵"的局面得到初步扭转。但与此同时，我国新型政策性农业融资担保体系中的担保机构仍普遍存在担保贷款规模不大、放大倍数不高、代偿风险高等问题，其有效性问题突出。综上所述，政策性农业融资担保的有效运行，即在自身可持续条件下达成提高农业经营主体信贷可得性的政策目标，需要满足一系列内外部条件。作为政府财政支持农业发展的政策工具，政策性农业融资担保只有在有效运行的基础上，方可引导金融资本投入农业，在农业信贷支持的重点产业、扶持对象、信贷规模、贷款利率等方面发挥引导作用。

那么，政策性农业融资担保需要满足哪些条件方可实现有效运行？我国新型政策性农业融资担保政策实践中的典型运行模式有哪些？不同运行模式都是通过何种运行机制满足有效运行条件？其对我国农业政策性担保乃至政策性担保的有效运行提供了哪些可借鉴的经验？然而，当前既有理论及实证研究尚未对以上问题作出回答。第一，既有研究大多将政策性农业融资担保作为构建农业融资模式的外生变量引入分析框架，对政策性担保机构自身的可持续运行条件关注不足。第二，既有研究尚未以政策性农业融资担保的有效运行为出发点，在统一的理论框架下论证其有效运行条件。第三，既有研究尚未系统梳理我国新型政策性农业融资担保实践中的运行模式，提炼其蕴含的有效运行经验。针对以上我国政策性农业融资担保发展过程中的现实需求和理论研究的不足，本书首先分析中国政策性农业融资担保建设发展历程及现状；其次抽象出政策性农业融资担保有效性及有效性问题的理论内涵，进而分析政策性农业融资担保有效运行的理论机理及有效运行条件，在概括总结我国政策性农业融资担保典型运行模式的基础上，结合四省案例对政策性农业融资担保有效运行条件进行实证检验；最后结合政策性农业融资担保国际经验的借鉴，提出完善我国政策性农业融资担保运行模式，提升我国政策性农业融资担保有效性的政策建议。

1.1.2 研究目的及意义

本书旨在探寻政策性农业融资担保有效运行模式及其有效运行条件，为我国政策性农业融资担保的有效运行奠定理论基础并提供政策借鉴。具体研究目标有四个：一是梳理总结我国政策性农业融资担保的运行现状及存在的问题；二是概括政策性农业融资担保有效性问题的理论内涵，揭示政策性农业融资担保的有效运行条件；三是概括我国政策性农业融资担保的典型运行模式，提炼其中的有效运行经验；四是为我国政策性农业融资担保运行模式的完善和有效运行提供政策建议。

本书研究的理论意义在于：一是对政策性农业融资担保有效运行机理及其有效运行条件的研究结论，有助于完善政策性农业融资担保的理论内涵。二是搭建政策性农业融资担保有效性分析框架，为分析政策性农业融资担保有效性提供分析工具和思路借鉴。三是对政策性农业融资担保运行现状、实践运行模式的有效性、国内外成功案例创新经验等内容的研究结论，能够补充有关政策性农业融资担保有效性问题的经验证据。

本书研究的现实意义在于：一是基于对政策性农业融资担保有效性问题的研究，全面反映我国当前政策性农业融资担保运行现状及运行障碍。二是基于对政策性农业融资担保有效运行机理及条件的研究，为我国科学构建政策性农业融资担保运行模式提供理论指导。三是基于对政策性农业融资担保运行模式的总结及其运行有效性的分析，为提升我国政策性农业融资担保运行有效性提供经验借鉴。四是对我国新型政策性农业融资担保有效运行模式的经验提炼和政策建议，能够为其他类型的政策性融资担保体系的有效运行提供政策指导。

1.2　概念界定与研究对象

本书的研究对象是政策性农业融资担保，是信用担保、融资担保和政策性担保三个概念的交集，在后面概括政策性农业融资担保的理论内涵之前，本部分先结合既有研究厘清相关基础性概念，明确本书的研究对象和研究范围。

1.2.1　担保与信用担保

担保是指在借贷、买卖、货物运输、加工承揽等经济活动中，债权人为保障其债权实现而设置的一种契约关系，包括保证、抵押、质押、留置和定金几种方式。其中，保证又称保证担保、信用担保或信用保证，是指企业法人、其他经济组织或者公民个人等保证人和债权人约定，当债务人不履行债务时，保证人按照约定履行债务或者承担责任的行为①。与抵押、质押和留置不同的是，信用担保是以保证人的信用而不是财物作为提供履约保证的基础。担保不仅具有保障债权的实现功能，还能发挥弥补债权人遭受违约时部

---

① 参见：《中华人民共和国担保法》，1995 年。

分损失的补偿功能。理论界认为，担保是指在经济金融活动中，债权人为了防范债务人违约而产生的风险，降低资金损失，由债务人或者第三方以财物或者信用提供履约保证或承担相应责任，保障债权实现的一种经济行为（王鹏，2005）。

1.2.2 融资担保与信贷担保

鉴于担保的履约保证和补偿功能，其被广泛应用于贷款、租赁、工程、贸易、票据交易等商品和服务，尤其是融资服务活动中。随着经济信用化程度的提高，金融交易中的融资担保逐渐成为担保业务中主要的品种之一。而由于以银行为中介的间接融资在我国融资活动中占据主导地位，所以信贷担保又成为融资担保最常见的形式。加之融资活动中的借款人往往面临自身信用不足或抵质押品缺失的问题，因而需要借款人以外的自然人、企业法人或政府等第三方为其提供信用担保。综上所述，信贷担保在国内主要是指信贷交易活动中以借款人之外的第三方信用为基础开展的一种担保活动。

1.2.3 政策性担保与政策性农业融资担保

金融市场在服务农业和中小企业融资时会出现"市场失灵"，因为农业和中小企业借款人经营规模小、资产状况差，往往面临信用不足的问题，加之它们更容易受到自然风险或市场风险的冲击，因而风险水平较高。金融机构在服务此类客户时将面临较高的成本和风险，导致其缩减信贷服务规模甚至退出该类市场。同理，担保市场中的商业性担保机构在服务农业和中小企业融资时，同样会面临上述问题。鉴于农业和中小企业在国民经济中的重要地位或正外部效应，由政府为其提供信用担保服务，帮助其获得银行信贷资金支持，成为绝大多数国家弥补信贷市场和担保市场失灵的政策选项。综上所述，政策性担保是指政府以自身信用为基础，通过为农业和中小企业等弱势群体提供信用担保服务，帮助其获得银行信贷资金的一种政策工具。而农业政策性担保是以农业生产经营主体为政策支持对象的一种政策性担保具体类型。作为本书研究对象的政策性农业融资担保，是以政府作为借款人以外的第三方，以政府信用为农业借款人提供履约保证，帮助其获得银行信贷资金的一种担保方式，其本质是财政资金的市场化运用，是政府为支持农业融资而实施的一种政策工具，也是政府为弥补市场失灵，尤其是信贷市场失灵而提供的一种准公共产品。与此同时，政策性农业融资担保也是政府支持农业发展的政策性金融工具之一。

1.3　文献综述

1.3.1　信息非对称条件下融资担保作用机理

担保理论于 20 世纪 70 年代作为一种消除市场信息不对称的经济机制被提出，此后被引入金融领域形成融资担保理论。阿克尔洛夫（Akerolf，1970）著名的"柠檬市场"理论是学术界研究信息不对称问题的经典理论，也成为此后融资担保理论的基础，他基于二手车市场交易均衡模型的分析发现，担保是解决信息不对称问题的有效方式，可以缓解因信息不对称引发的道德风险和逆向选择问题。基于不对称信息理论框架，学术界进一步提出融资担保理论。一是信贷融资交易成本理论。该理论认为，融资担保能够降低融资交易成本。其中，巴罗（Barro，1976）最早建立了完整的信贷融资担保模型，认为存在贷款违约风险和变现担保相关联的交易成本，使借贷双方担保品价值的评价不同，进一步来看，担保品的价值对贷款者而言要比借款者低，而价值差异直接反映担保品的市场成本。担保的存在可以对借款人产生履约激励，即借款人如果出现违约，其担保物将被贷款人变卖以补偿自身损失，因而担保能够降低借款人违约的可能性。二是逆向选择与激励效应理论。斯蒂格利茨和韦斯（Stiglitz and Weiss，1981）提出了逆向选择担保理论，研究认为，担保和其他非价格配给机制不会消除信贷配给的可能性，如果借款人是风险厌恶者，提高担保要求将导致逆向选择效应。进一步地，斯蒂格利茨和韦斯（Stiglitz and Weiss，1992）认为，不对称信息信贷市场中同时存在逆向选择和激励问题，而且贷款者可以同时改变担保要求和贷款利率影响贷款申请者组合，并对贷款申请者争取投资项目成功产生激励。贝森科和萨科（Besanko and Thakor，1987）在不同的信贷市场结构下，分析了存在信息不对称时抵押担保对于企业信贷的积极作用。杨胜刚和胡海波（2006）分析了信用担保机构比例担保和反担保的不同组合对中小企业信贷市场上逆向选择和道德风险的不同影响，发现当中小企业提供的反担保品价值大于贷款本息时，担保机构担保比例的增加有利于减少逆向选择和道德风险。三是资信评价与信号传递理论。陈和卡纳塔斯（Chan and Kanatas，1985）发现，在借款合同中借款人的资信与其提供的担保物品种类及数量存在正相关关系，即相比劣质借款人，优质借款人所能提供的担保物品种类多样，数量更多。因此，担保能够作为一种间接的、附加的信号源，将借款人的信息传递给贷款人，帮助后者在信息不对称的条件下识别优质借款人。作为融资担保的重要类型之一，信用担保是在借贷双方基础上引入第三方个人或机构发挥上述作用，可以弥补借款人抵押品缺失的问题，是有效的抵押品替代机制（Hoff and Stiglitz，1990；Boot et al.，1991；Levisky，1997；Honohan，2010；Beck et al.，2010）。

1.3.2 融资担保的政策化运用及有效性评价

基于融资担保的基本作用机理，西方国家政府于 20 世纪 70 年代开始陆续推出政策性担保计划，利用政府信用担保支持因信息不对称而面临融资困境的农业经营主体和中小企业（Beck et al.，2010）。为缓解国内农业和中小企业融资困境，我国也效仿西方国家于 21 世纪初引入融资担保。相较于其他类型的融资担保，政策性担保机构不以营利为目的、更容易获取借款人的信息、与金融机构的合作较为畅通、拥有政府的隐性担保等优势，因而在降低信贷市场交易成本和风险方面相对于其他担保主体具有优势。马松等（2014）认为，政策性担保机构的运营则更为规范，且具有政府这一"隐性保险"，使其与国有银行、股份制银行和城市商业银行等的合作也较为畅通。盛世杰等（2016）认为，政策性担保机构，具有政府背书和市场化路径解决问题的双重优势。一方面，政策性担保机构有国家支持，不以营利最大化为目的；另一方面，政策性担保机构完全采用市场化运作，用市场化定价的方法来确定担保和再担保的费用，可以避免行政干预。目前，政策性担保的有效性得到大量理论及经验研究的支持。理论研究方面，殷志军（2011）发现，担保机构通过信用增级、风险分散和成本分担等运行机理，可以大大增加中小企业的信贷可得性。马松等（2014）基于贝森科和萨科（Besanko and Thakor，1987）的抵押担保理论模型构建了包含担保机构的三方理论模型，得出了政策性担保机构可以有效增加信贷市场规模的结论。经验研究方面，莱昂和托（Leone and Vento，2013）梳理了国际上近20年来经典的高水平国际文献后，发现融资担保整体而言对中小企业的信贷可得性具有积极影响，主要表现在通过减少抵押品要求、加快贷款流程和提高贷款人信用等手段，帮助以前没有机会获得贷款的客户获得贷款，增加贷款规模，延长还款期限，降低利率等。泽尼奇和文图拉（Zecchini and Ventura，2009）基于意大利国家中小企业担保基金，对其影响能力给予评估，结果表明，担保可增加贷款可得性，降低借贷成本，同时保证了中小企业金融发展的可持续性。上杉（Uesugi，2010）基于对日本的实证研究肯定了政府信用担保计划的有益性，通过政策性担保的扶持信誉良好的企业获得了更大的收益。勒格兰德等（Lelarge et al.，2010）对法国贷款担保计划的有效性进行了评估，通过关注企业层面的数据，采用普通最小二乘法和工具变量估计方法，结果肯定了担保计划对中小企业外部融资的提高力度。哥伦巴等（Columba et al.，2010）的实证分析认为，中小企业可通过加入信贷担保计划提高其借贷能力，且担保机构相较于银行能够更好地筛选和监管信息不透明的借款人。考林（Cowling，2010）研究表明，英国通过实施政策性担保有效降低了银行对中小企业信贷的准入标准，放松了银企之间的信用约束，降低了信贷配给率，贷款担保计划有助对小企业信贷限制的减少。考恩等（Cowan et al.，2015）通过智利的数据研究发现，有担保的企业相比无担保的企业更有可能拖欠贷款，担保会影响企业还款的动机，但担保能够增加企业的信贷总量。阿拉伊兹等（Arraúiz et al.，2014）和上杉等（Uesugi et al.，2010）发现，信用担保计划的实行解除了在正规信贷市场上没有足够合格资产作为抵押的公司所面临的信贷约束，提高了中小企业信贷的可获得性，而且也增加了银行发放贷款的规模。叶莉等（2016）研究发现，政策性担保从长期来看能够提高企业的整体贷款可得性。

1.3.3　融资担保及政策性担保的有效性问题

在阐释融资担保作用机理的同时，既有研究也提出了融资担保的有效性问题。担保机构在缓解银行和企业之间信息不对称问题的同时，其自身与企业和银行之间又产生了新的信息不对称，因此，担保机构的加入有可能会加剧道德风险和逆向选择问题（郝蕾和郭曦，2005；金雪军和陈杭生，2007）。杨胜刚和胡海波（2006）认为，当中小企业能够提供的抵押品和反担保品足够多，反担保品价值能够大于贷款本息或者担保机构的担保责任余额时，担保机构的介入才有利于缓解因信息不对称产生的逆向选择和道德风险问题。同样地，陈其安（2008）认为，担保机构的介入在降低企业获得银行贷款门槛的同时，加剧了中小企业的逆向选择问题，只有当担保机构获得企业足够的信息时，才能够有效地降低信贷配给问题，缓解逆向选择问题。在借款人没有任何抵押担保品的前提下，第三方担保如果不能准确观测到借款人的真实风险和收益，反而会进一步加深逆向选择问题，甚至形成"信用担保悖论"（付俊文和赵红，2004；卞亦文和王有森，2009）。

对于政策性担保来说，上述问题不但可能导致政策性担保无法取得积极的作用效果，而且会威胁到担保机构的生存，甚至引发财政风险（高阳，2015）。实证研究方面，格罗普等（Gropp et al.，2014）的结论与之类似。叶莉等（2016）认为，中小企业的政策性担保存在潜在道德风险，其实证研究则发现，政策性担保期间内中小企业的贷款可得性未有明显提升。林丽琼（2017）基于民间借贷纠纷案例的研究发现，有无担保人对信贷违约并无显著影响。姚宇韬等（2018）基于江苏宿迁农户的研究发现，具有信用担保农户的违约率反而更高。因此，担保机构缓解中小企业融资难问题，是需要有前提条件的（付俊文和赵红，2004）。由此可见，政策性担保作用的发挥在理论上需要满足一系列前提条件，在实践中则需要建立相应的运行模式和机制，满足其发挥作用的一系列前提条件，方可实现政策效果。

1.3.4　中国政策性农业担保体系及有效性问题

农业生产经营主体经营规模小、地理位置分散，加之缺乏规范的财务记录和征信信息，银行发放农业贷款面临极高的交易成本和风险。霍夫和斯蒂格利茨（Hoff and Stiglitz，1990）认为，发展中国家农户和金融机构间因信息不对称所引起的逆向选择和道德风险问题是农村融资难的主要原因。政策性担保机构介入农业借贷关系后，担保机构可以利用局部知识优势降低交易成本（辛德树等，2005），其事前的信息甄别和事后的监督作用，可以降低银行的信息收集成本。面对中国农业产业发展融资需求及抵押担保困境，国内学者从农业融资担保体系建设及政策性农业融资担保的地位、政策性农业融资担保的运行模式及运行机制等方面描绘出中国农业政策性融资担保的基本框架。农业融资担保体系建设及政策性农业融资担保的地位方面，国内学者提出建设包括政策性担保、合作性担保和商业性担保在内的农业融资担保体系（张卓琳，2005；王传东和王家传，2006；董晓林和吴昌景，2008；向阳，2008；纪漫云等，2016）。董晓林和吴昌景（2008）则在此基础上进一步补充了建立政策性农业保险体系的建议。胡士华等（2006）则从农业信用担保组织运作模式角度探索了政府组建、政策性运作模式，政府组建、市场化运作模式，社会化组建、商业化运作模式和互助合作型运作模式等担保体系。关于中国农业政策性融资担保的运行模式，纪漫云等（2015）根据江苏省担保机构出资及运作情况，大致将农业融资担保归为政府主导运作、产业链融资、互助合作担保、政府性农业担保基金、涉农贷款保证保险等几种模式。田晓勇（2015）将农业融资担保体系分为"融资性担保公司＋银行"模式、"保险公司＋银行"模式、"政府部门设立基金＋银行"模式、"农村信用互助协会＋银行"模式和"政府＋企业＋银行"五个模式。刘志荣（2016）根据融资担保运作方式的不同，分为基于政策性农业担保机构的融资担保、依托农业产业化龙头企业（核心企业）的产业链融资担保、基于农村互助合作组织的融资担保、引入信托公司的融资担保以及基于中小企业信用担保公司的农业融资担保等模式。但是，中国农业政策性农业融资担保的实践运行却暴露出一系列有效性问题：一是农业担保公司自身实力弱小，导致业务覆盖水平低（林乐芬和法宁，2015），担保能力不足（朱乾宇和马九杰，2012），资金放大倍数偏低（黄庆安，2011）；二是风险分担机制不科学，导致政策性担保机构在与商业银行的合作中处于严重的不平等地位（林平和袁中红，2005）；三是风险分散机制不健全，例如反担保品处置困难等，导致地方政府难以兼顾担保机构盈利性目标和支农目标，政策性担保支农措施可能产生地方财政风险（高阳，2015；李成友等，2021）；四是政策支持体系不健全，例如政府财政出资比例不高、风险补偿金不到位等（黄庆安，2011）。

1.3.5　文献述评

关于融资担保、政策性融资担保以及农业信贷担保，既有理论成果厘清了融资担保运行的理论机理及其发挥有效性的关键条件，从而阐明了政策性融资担保有效运行的理论依据。而一系列国内外经验研究成果不仅为政策性融资担保的政策效果提供了经验证据，也基于政策性融资担保失败的经验证据，为政策性融资担保有效性的理论研究指明了方向。与此同时，国内的一系列研究成果还明确了我国发展政策性农业融资担保的必要性，并结合我国传统政策性农业融资担保实践，指出其面临的一系列现实问题。因此，既有研究为本书的研究奠定了理论基础，提供了分析工具和研究方法。在此基础上，结合当前中国农业经营主体特点及融资过程中的关键"痛点"，以及中国农业政策性融资担保完善的理论与现实需求，既有研究尚存在以下不足。

第一，从研究视角来看，对政策性担保在农业融资中的主导地位及主动性认识不足。以往研究大多把农业政策性担保视为单纯的抵押品替代机制，将其作为农业融资的外生因素引入农业信贷关系，考察在引入政策性担保分担银行农业信贷风险的前提下，如何构建农业融资模式，激励银行金融机构扩大农业信贷投放，以满足农业经营主体融资需求。基于这一视角，相关研究实际上将银行金融机构置于农业融资关系的主导地位，进而在理论层面忽视了农业政策性担保的可持续运行这一内生性条件，而对于政策性农业融资担保如何在自身可持续条件下实现政策目标的实现路径和外部条件重视不足，因而在指导实践过程中，对提高政策性农业融资担保主动性的关注不足，无法解释并破解政策性担保机构相对银行金融机构市场地位不高、话语权微弱的问题。

第二，从研究内容来看，对政策性农业融资担保有效性的研究缺乏统一的分析框架。受制于前述研究视角，既有研究大多就政策性农业融资担保有效性一个或多个方面的影响因素（抑或有效运行条件）展开讨论，并未将影响政策性农业融资担保有效性因素纳入统一的分析框架，进而采用数理分析方法展开演绎分析。所以说，既有研究并未考虑影响因素之间的关联关系，对政策性农业融资担保有效性影响因素的探讨是零散的、割裂的，无法识别其中的关键性因素，也就无法围绕政策性农业融资担保有效运行模式的构建及其有效运行给出系统性的对策路径和政策建议。

第三，从研究对象来看，对中国新型农业政策性担保实践经验及理论价值提炼滞后。由于以往我国农业政策性担保制度设计缺陷，鲜有持续成功运作的担保计划或担保机构案例，无法产出政策效果定量研究所需的高质量、一致性研究案例，在很大程度上阻碍了国内政策性担保作用效果经验研究进展，相关研究结论停留在理论探讨层面。当前农业生产方式转型及财政支农机制创新的背景下，我国政策性农业融资担保体系重构的实践已经展开。我国新型政策性农业融资担保具有全新的制度框架，实践运行中也涌现出有效运行的成功典型案例。但与之相关的理论及经验研究尚未跟进，鲜有研究关注到这一重要的制度创新，进而总结其中的成功经验、提炼其中的理论价值，且尚未有研究从政策性农业融资担保的主体地位视角，基于有效性分析框架提炼其中蕴含的理论价值。

1.4　研究思路和研究内容

1.4.1　研究思路

本书首先分析中国政策性农业融资担保建设发展历程及现状；其次抽象出政策性农业融资担保有效性及有效性问题的理论内涵，进而分析政策性农业融资担保有效运行的理论机理及有效运行条件，在概括总结我国政策性农业融资担保典型运行模式的基础上，结合四省案例对政策性农业融资担保有效运行条件进行实证检验；最后通过对国际经验的借鉴，提出完善我国政策性农业融资担保运行模式，提升我国政策性农业融资担保有效性的政策建议（见图 1 - 1）。

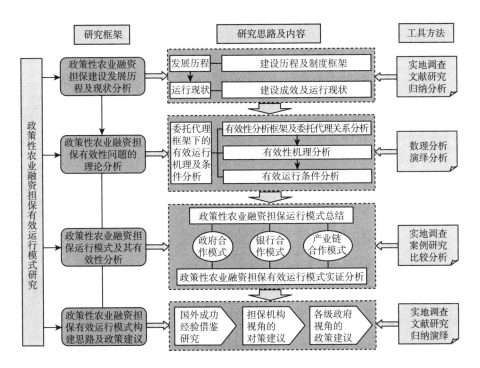

图 1 – 1 研究框架及研究思路

1.4.2 主要研究内容

基于以上研究思路，本书设计了四个部分研究内容，连同绪论和研究结论与展望，共分为八章，其中核心部分及相应章节研究内容概括如下。

1.4.2.1 中国政策性农业融资担保发展现状分析

该部分内容旨在概括中国政策性农业融资担保建设发展历程，分析其运行成效及存在的问题，由第 2 章承载。该部分首先结合既有研究梳理了中国传统政策性农业融资担保的发展困境。其次从农业产业转型、新型农业经营主体融资困境、财政农业支出方式转型三个方面阐述中国新型政策性农业融资担保的建设背景。通过对制度文件的梳理，概括出中国新型政策性农业融资担保制度体系的提出、建设及完善三个阶段。最后该部分分析总结了中国新型政策性农业融资担保的建设成效和运行成效。

1.4.2.2 政策性农业融资担保有效运行条件的理论分析

该部分旨在概括政策性农业融资担保有效性的理论内涵，进而分析其有效运行机理及条件，主要由第 3 章和第 4 章构成。其中，第 3 章首先基于委托代理的一般分析框架，分析信息非对称条件下农业信贷市场中的委托代理问题；其次分析农业担保贷款中政策性担保机构、银行金融机构和农业经营主体三者之间的委托代理关系和激励相容冲突；最后据此抽象出政策性农业融资担保有效性及有效性问题的理论内涵。第 4 章基于第 3 章的分析框架和理论模型，先分析政策性农业融资担保的有效运行机理，并在此基础上分析其有效运行条件的问题。

1.4.2.3 政策性农业融资担保有效运行模式实证分析

该部分是政策性农业融资担保有效运行条件的实证分析，对应本书第 5 章的内容。该部分首先概括了中国新型政策性农业融资担保政府合作、银行合作和产业链合作三种运行模式；其次选取四省政策性农业融资担保案例，从六个方面对政策性农业融资担保有效运行条件进行实证分析，解答不同运行模式通过何种运行机制满足有效运行条件。

1.4.2.4 政策性农业融资担保有效运行模式构建

本部分由第 6 章和第 7 章组成，旨在为政策性农业融资担保有效运行模式的构建提供对策思路与政策建议。其中，第 6 章梳理了意大利、荷兰、尼日利亚、墨西哥、爱沙尼亚和坦桑尼亚六个国家政策性农业融资担保的运行模式，提炼出五个方面的有效运行经验，进而分析其对中国农业政策性融资担保的借鉴价值。第 7 章基于课题前面各部分的研究结论，分别从担保机构视角和各级政府视角提出提高我国政策性农业融资担保有效性的对策建议。

1.5　研究方法

根据研究内容需要，本书将综合运用以下研究方法。

（1）文献研究法。通过收集整理国内外政策性农业融资担保的文献，掌握国内外政策性农业融资担保建设运行现状、存在的主要问题、既有理论及经验研究结论，为本书有效性视角的理论及实证研究奠定基础，为本书对策思路和建议部分提供借鉴。

（2）实地调查法。通过调查中国新型政策性农业融资担保体系中的担保机构，详细了解其运行现状、运行模式特点、主要运行机制等方面的内容，为提炼政策性农业融资担保有效性问题、分析各方参与主体的利益关系、实证检验有效运行条件奠定基础。

（3）数理分析法。该方法主要用于政策性农业融资担保有效运行机理及条件的演绎分析，包括构建包含三方主体的逆向选择模型，在不同内外部条件下，求解模型的最优化问题，围绕政策性农业融资担保有效运行条件提出有待检验的理论假说。

（4）案例实证法。该方法用于结合四省政策性农业融资担保的典型案例，对政策性农业融资担保有效运行条件进行实证分析，探寻不同运行模式满足有效运行条件、实现有效运行的主要机制。

1.6　创新之处

相较于以往研究，本书的创新之处主要体现在以下三个方面。

（1）研究视角的创新。本书以政策性农业融资担保的有效运行为出发点，重点研究政策性农业融资担保的有效运行条件，及其不同运行模式满足有效运行条件的运行机制，据此提出政策性农业融资担保在自身可持续运行条件下，提高农业经营主体信贷可得性的政策建议。不同于以往研究的是，本书将政策性农业融资担保置于农业担保贷款交易关系的中心，将政策性农业融资担保作为内生因素纳入农业担保贷款交易关系，从而分析政策性农业融资担保如何在自身可持续的基础上，提高农业经营主体信贷可得性，相关研究结论和政策建议有助于政策性农业融资担保主导地位的建立和主动性的发挥。因此，本书相较于以往研究在研究视角方面具有创新性。

（2）研究内容的创新。从政策性农业融资担保主体视角出发，本书基于有效运行的理论内涵，构建了政策性农业融资担保有效性分析框架，在分析政策性担保机构、银行金融机构和农业经营主体三者间的委托代理关系和激励相容冲突基础上，借助逆向选择模型分析政策性农业融资担保的有效性机理和条件，进而结合我国新型政策性农业融资担保实践中的典型案例，实证检验政策性农业融资担保的有效性条件。与既有研究相比，本书基于统一的分析框架研究政策性农业融资担保的有效性条件，为政策性农业融资担保有效运行模式的构建提出系统性的对策建议，因而在研究内容上具有创新性。

（3）研究对象的创新。本书较早关注到中国新型政策性农业融资担保这一制度创新，并系统梳理其建设背景和制度框架，总结评价其建设运行成效，概括其典型运行模式，对比分析其相对于传统农业政策性融资担保的制度优势和运行成效。进一步地，本书基于有效性问题和有效性分析框架，分析中国新型政策性农业融资担保运行模式的有效性，提炼出这一全新制度设计和政策实践中蕴含的理论价值，对我国农业政策性担保的有效运行，以及其他类型政策性融资担保运行模式的完善提供政策借鉴。因此，本书在研究对象方面相对于以往研究有所创新。

第 2 章

中国政策性农业融资担保建设发展历程及现状分析

2.1 传统政策性农业融资担保的发展困境

自 21 世纪初期开始，我国就借鉴西方国家经验探索建立信用担保制度，通过政府出资建立政策性担保机构，为中小企业和农业企业融资提供信用担保，以缓解其抵押担保条件不足导致的融资困境。截至 2015 年，我国已设立了数量众多的农业担保公司。这些农业担保公司大多由地方财政出资或控股设立，主要为本地中小企业和农业企业提供信贷担保等服务，在支持中小企业和农业企业融资以及地方经济发展方面作出了重要贡献。但是，上述农业担保公司无法有效提高农业经营主体信贷可得性，在现实运行中暴露出一系列问题：一是担保机构治理结构不健全，担保机构由政府部门管理，无法保证独立经营运作，这使担保机构的运作在一定程度上受到政府的干预（文学舟和吴永顺，2014）。二是农业信贷担保的目标定位不清晰，缺乏长期规划（贾康，2012），不仅影响农业信贷担保的政策效果，还可能导致担保机构为了追求经济利益开展商业性担保业务，损害了信贷担保行业的竞争环境（刘志荣，2016）。三是担保机构专业能力不突出。担保机构在没有信息优势的条件下介入银企关系会加剧参与主体之间的信息不对称（张琴，2006），削弱金融机构筛选和监控客户的动机和企业的还款动机（叶莉等，2016），甚至导致引起合谋损害担保机构利益的行为（马松，2015）。四是激励约束机制不科学，我国农业信贷担保机构在与银行的合作中几乎承担了全部风险，不利于防范银行道德风险（刘志荣，2016）。五是政策支持体系不完善。政府财政对担保机构的资本金大多由各级地方政府在建立初期一次性注入（王传东和王家传，2006），缺乏长效扶持机制，尤其是风险补偿机制，在近年来较大的代偿压力下，许多政策性担保机构规模萎缩，导致银行对担保机构失去信心（张会元，2010；刘志荣，2016）。综上所述，传统农业政策性担保缺乏独立专业的担保机构及可持续运作的制度基础，担保机构不能真正降低农业融资中的成本和风险，陷入政策性目标和持续性目标难以兼顾的"两难"窘境。一部分农业担保机构牺牲自身可持续性以达成政策性目标，最终因过高的代偿损失陷入停摆；另一部分农业担保机构则为了维持自身可持续发展，转向大额担保业务和非农担保业务，从而偏离支农政策目标。

2.2　新型政策性农业融资担保的建设背景

2.2.1　农业的规模化和集约化转型

新型农业生产经营主体"融资难、融资贵"是制约我国农业产业转型发展和竞争力提升的重要因素，而抵押担保条件不足是新型农业经营主体融资的核心"痛点"。农业适度规模经营背景下，新型农业经营主体已不再是传统意义上的农民或小农户，而是专业技能突出、市场嗅觉敏锐、富有创新精神的农业企业家或农业中小企业，他们代表着现代农业的先进生产力，是中国农业转型发展和竞争力提高的重要推动力量。

我国农业生产成本较高，种粮效益较低，主要原因是农业发展方式粗放，经营规模小。受制于小规模经营，无论是先进科技成果的推广应用、金融服务的提供以及与市场的有效对接，还是农业标准化生产的推进、农产品质量的提高、生产效益的增加以及市场竞争力的提升，都遇到很大困难。因此，加快转变农业发展方式，强化粮食安全保障能力，建设国家粮食安全、农业生态安全保障体系，迫切需要调整完善农业"三项补贴"政策，加大对粮食适度规模经营的支持力度，促进农业可持续发展。

2.2.2　新型农业经营主体融资困境

生产经营规模的扩大和集约化程度的提高改变了农村金融的性质和结构，新型农业经营主体的融资需求源于生产性用途，规模增大、期限延长，与传统农户的多用途和小额短期融资需求有着本质的不同（刘西川和程恩江，2013；李成友等，2020；Li et al.，2021）。但与此同时，经营规模的扩大并未消除融资过程中的信息不对称问题，加之有效抵押品依然缺乏（张照新和赵海，2013），其面临的信贷配给更为严重（黄祖辉和俞宁，2010；林乐芬和法宁，2015；华中昱和林万龙，2016），因此，新型农业经营主体仍面临严重的融资约束。

2.2.3　财政农业支出方式面临转型

为促进粮食生产和农民增收、推动农业农村发展，我国自 2004 年起先后实施了以农业"三项补贴"为代表的财政补贴政策，但随着农业生产方式的转变，其政策效应递减，政策效能逐步降低，因而面临调整和完善。

（1）农业补贴政策指向性、精准性和实效性不断弱化。在有些地方，农业"三项补贴"已经演变成为农民的收入补贴，一些农民即使不种粮或者不种地，也能得到补贴，而真正从事粮食生产的种粮大户、家庭农场、农民合作社等新型经营主体，却很难得到除自己承包耕地之外的补贴支持，从而使农业"三项补贴"政策对调动种粮积极性、促进粮食生产的作用大大降低。

（2）农业补贴杠杆作用弱，政策效能有限。我国中央和各级地方政府长期采用以补贴为主要方式的农业财政支持政策，相对于贷款贴息、参股控股、信贷担保等支持方式，其不仅面临指向性、精准性和实效性问题，而且财政补贴资金的消耗性使用在规模、政策力度、可持续性等方面，难以应对农业产业发展面临的资金缺口。因此，亟待转变财政支农资金支出方式，撬动更多金融资本投入农业，提高财政资金支出效益。

（3）农业补贴政策遭遇世贸组织规则"天花板"。我国作为世界贸易组织成员，作为"黄箱"政策的农业补贴受到世界贸易组织规则的约束。而继续增加现有补贴种类的总量，将使我国在世界贸易组织规则范围内的支持空间逐步压缩，不利于我国充分利用规则调动种粮农民积极性、进一步提高种粮农民收入水平。因此，需要改革现有农业财政补贴政策，将补贴资金转变为担保等世界贸易组织规则中使用不受限制的"绿箱"政策。

2.3 新型政策性农业融资担保的制度框架

2.3.1 新型政策性农业融资担保制度体系的提出

鉴于传统农业信贷担保的制度缺陷和我国农业转型发展面临的融资难题，2013～2015 年连续三个中央一号文件提出建设政策性农业融资担保体系的政策要求（见表 2 – 1）。在中央一号文件的政策要求基础上，财政部和农业部于 2015 年 5 月印发《关于调整完善农业三项补贴政策的指导意见》①，决定从 2015 年调整完善农作物良种补贴、种粮农民直接补贴和农资综合补贴三项补贴政策。该文件指出，从中央财政提前下达的农资综合补贴中调整

---

① 参见：财政部和农业部：《关于调整完善农业三项补贴政策的指导意见》，2015 年 5 月 13 日。

20%的资金，加上种粮大户补贴试点资金和农业"三项补贴"增量资金，重点支持建立完善农业信贷担保体系（见图 2 - 1）。该文件指出，支持各地尤其是粮食主产省份建立农业信贷担保体系，推动形成全国性的农业信用担保体系，逐步建成覆盖粮食主产区及主要农业大县的农业信贷担保网络，通过农业信贷担保的方式为粮食适度规模经营主体贷款提供信用担保和风险补偿，着力解决新型经营主体在粮食适度规模经营中的"融资难、融资贵"问题，强化银担合作机制，支持粮食适度规模经营。此后，财政部和农业部等部门先后出台一系列制度文件，为建立完整的农业政策性担保体系奠定了制度基础。

表 2 - 1　　　2013～2020 年中央一号文件关于农业融资担保的政策要求

年份	中央一号文件关于农业融资担保的政策要求
2013	加强涉农信贷与保险协作配合，创新符合农村特点的抵（质）押担保方式和融资工具，建立多层次、多形式的农业信用担保体系
2014	鼓励地方政府和民间出资设立融资性担保公司，为新型农业经营主体提供贷款担保服务
2015	鼓励开展"三农"融资担保业务，大力发展政府支持的"三农"融资担保和再担保机构，完善银担合作机制
2016	用 3 年左右时间建立健全全国农业信贷担保体系，2016 年推动省级农业信贷担保机构正式建立并开始运营。 全面推进农村信用体系建设；加快建立"三农"融资担保体系
2017	深入推进农业"三项补贴"制度改革。 创新财政资金使用方式，推广政府和社会资本合作，实行以奖代补和贴息，支持建立担保机制，鼓励地方建立风险补偿基金，撬动金融和社会资本更多投向农业农村。建立健全全国农业信贷担保体系，推进省级信贷担保机构向市县延伸，支持有条件的市县尽快建立担保机构，实现实质性运营
2018	切实发挥全国农业信贷担保体系作用，通过财政担保费率补助和以奖代补等，加大对新型农业经营主体支持力度。加快设立国家融资担保基金，强化担保融资增信功能，引导更多金融资源支持乡村振兴
2019	健全农业信贷担保费率补助和以奖代补机制，研究制定担保机构业务考核的具体办法，加快做大担保规模
2020	发挥全国农业信贷担保体系作用，做大面向新型农业经营主体的担保业务

资料来源：根据各年度中央一号文件整理。

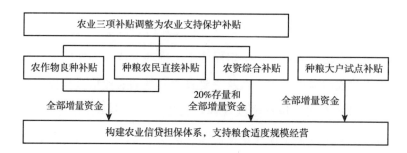

图 2 - 1　新型政策性融资担保体系财政资金来源结构

资料来源：根据《关于调整完善农业三项补贴政策的指导意见》整理。

2.3.2　新型政策性农业融资担保制度体系的搭建

2015 年 7 月，财政部、农业部和银监会发布《关于财政支持建立农业信贷担保体系的指导意见》①，详细阐明了财政支持建立农业信贷担保体系的目标原则、建设内容和步骤以及相应的政策措施，从而搭建起我国政策性农业融资担保体系的"四梁八柱"（见表 2 - 2），其搭建的新型政策性农业融资担保制度框架包括以下六个方面。

表 2 - 2　　　　　　　政策性农业融资担保相关制度文件

时间	政策文件	核心内容
2015 年 5 月 31 日	《关于调整完善农业三项补贴政策的指导意见》	明确政策性农业担保体系建设的资金来源； 明确提出建设政策性农业担保体系的任务
2015 年 7 月 22 日	《关于财政支持建立农业信贷担保体系的指导意见》	搭建完整的政策性农业担保制度框架； 明确财政支持建立农业信贷担保体系的指导思想、目标原则、建设内容、支持政策和业务开展方式

① 参见：财政部、农业部和银监会：《关于财政支持建立农业信贷担保体系的指导意见》，2015 年 7 月 22 日。

续表

时间	政策文件	核心内容
2017年5月19日	《关于做好全国农业信贷担保工作的通知》	坚持全国农业信贷担保体系的政策性定位，严格界定政策性业务标准。 明确政策性农业信贷担保业务的财政支持政策，统筹安排中央财政补助资金等政策。 做好省级农业信贷担保体系建设，建立健全公司法人治理结构。确保省级农担公司的独立性。加快基层服务网络建设。 充分发挥国家农担公司的作用，切实加强省级农担公司能力建设，加强农业信贷担保工作监督考核
2020年4月7日	《关于进一步做好全国农业信贷担保工作的通知》	把握全国农担体系的政策性定位，确保全国农担体系的独立性，严格执行政策性业务范围和标准；稳步做大业务规模，充分发挥政策性农担职能作用，加强自身能力建设，合力做大业务规模；健全农担风险防控机制和激励约束机制

资料来源：根据表中各项文件整理。

（1）建设目标。财政支持建立农业信贷担保体系的主要目标是以建立健全省（区、市）级农业信贷担保体系为重点，逐步建成覆盖粮食主产区及主要农业大县的农业信贷担保网络，推动形成覆盖全国的政策性农业信贷担保体系，为农业尤其是粮食适度规模经营的新型经营主体提供信贷担保服务，切实解决农业发展中的"融资难、融资贵"问题，支持新型经营主体做大做强，促进粮食稳定发展和现代农业建设。

（2）基本原则。一是地方先行，即以省级地方政府为主体探索建立担保机构体系。二是中央支持，即中央财政利用粮食适度规模经营资金对地方建立农业信贷担保体系提供资金支持。三是专注农业，即农业担保机构坚持政策性、专业性和独立性经营原则，专注于支持粮食生产经营和现代农业发展。四是市场运作，即农业担保机构以可持续发展为运营目标，建立健全公司法人治理结构，组建专业化经营管理团队，承担市场经营的相应风险。五是银担共赢，即农业担保机构与合作银行建立合理的风险分担机制和利益分享机制。

（3）体系建设。建立健全具有中国特色、覆盖全国的农业信贷担保体系框架。主要包括全国性的农业信贷担保机构（即全国农业信贷担保联盟）、省级农业信贷担保机构和市、县（区）农业信贷担保机构。

（4）服务对象和业务范围，应优先满足从事粮食适度规模经营的各类新型经营主体的需要，对其开展粮食生产经营的信贷提供担保服务，包括基础设施、扩大和改进生产、引进新技术、市场开拓与品牌建设、土地长期租赁、流动资金等方面，在此基础上可以逐步向农业其他领域拓展，并向与农业直接相关的第二、第三产业延伸，促进农村第一、第二、第三产业融合发展。

（5）支持政策。资金来源方面，农业信贷担保体系的资本来源于中央财政，同时鼓励省级地方政府利用本级财政资金注资担保机构，此外还允许银行在20%的比例范围内参股省级农业担保机构。补偿机制方面，设立包括担保费补助和代偿补助在内的经营风险补助机制，降低担保机构的业务费用和代偿风险。风险救助方面，中央和省级财政建立风险准备金等救助制度，以应对系统性风险导致的担保机构流动性危机。税收政策方面，允许符合条件的农业担保机构享受税收优惠①。考核政策方面，弱化对担保机构的盈利考核要求，建立持续性和政策性并重的业务绩效考核评价指标体系。

（6）业务开展。支持政策性农业担保机构利用自身信用优势完善征信评级，适当放大担保倍数以增强服务能力。要求农业担保机构加强经营风险管理，通过与战略合作银行的沟通协调，建立合理的风险分担机制，同时创新担保和贷款产品及服务方式，建设专业化的农业信贷担保人才队伍。

在上述制度框架基础上，该制度文件提出用3年时间建设覆盖全的农业信贷担保体系，从而拉开了全国政策性农业融资担保体系建设序幕，我国政策性农业融资担保体系建设进入"快车道"。2016年，财政部、农业部和银监会共同组建全国农业信贷担保工作指导委员会，统筹指导各级农业信贷担

---

① 具体税收优惠措施包括：符合条件的农业信贷担保机构从农业中小企业担保或再担保业务取得的收入，执行中小企业信用担保机构免征营业税政策。符合条件的农业信贷担保机构的所得税税前扣除政策，按照《财政部国家税务总局关于中小企业信用担保机构有关准备金企业所得税税前扣除政策的通知》有关规定执行。

保工作。同年，国家农业信贷担保联盟有限责任公司成立，为省级及省级以下农业信贷担保机构提供政策和业务指导、行为规范和风险救助、再担保、人员培训和信贷政策对接等服务。同时，省级农业信贷担保公司也开始陆续新建或改组设立。

2.3.3　新型政策性农业融资担保制度体系的完善

在上述制度框架基础上，早期新建或改组设立的政策性农业担保机构在业务开展过程中出现了偏好大额农业担保业务和非农担保业务的倾向，与政策目标出现了背离。为此，财政部和农业部等主管部门迅速出台相关制度文件，不断完善政策性农业融资担保的制度框架。

2017 年 5 月，为防止新组建的农业担保机构从事大额农业担保业务和非农担保业务，财政部出台了《关于做好全国农业信贷担保工作的通知》，及时纠正了政策性担保机构偏离政策目标的经营行为，是我国政策性农业融资体系制度框架的重大完善。该文件对我国政策性农业融资体系建设最大的制度贡献在于，其提出了规范农业担保机构业务定位的"双控"标准。一是控制业务范围。服务范围限定为粮食生产、畜牧水产养殖、菜果茶等农林优势特色产业，农资、农机、农技等农业社会化服务，农田基础设施，以及与农业生产直接相关的第一、第二、第三产业融合发展项目，家庭休闲农业、观光农业等农村新业态。二是控制担保额度。服务对象聚焦家庭农场、种养大户、农民合作社、农业社会化服务组织、小微农业企业等农业适度规模经营主体，以及国有农（团）场中符合条件的农业适度规模经营主体，单户在保余额控制在 10 万 ~ 200 万元，对适合大规模农业机械化作业的地区可适当放宽限额，但最高不超过 300 万元。省级农业担保机构符合"双控"标准的担保额不得低于总担保额的 70%。

另外，该制度文件还要求省级农业担保机构不得新开展任何非农担保业务，政策性业务范围外的农业担保业务也应谨慎开展，并优先支持辐射面广、带动力强且与农户利益联结紧密的农业产业化龙头企业，以及实施农田基础设施等提高粮食生产能力的项目，且单个经营主体在保余额不得超过1000万元。同时，加大对跨行业、混业经营的龙头企业的风险识别力度，严格控制担保额度和业务规模。为提高政策约束力，该项制度文件还要求省级农业担保机构分开核算政策性业务和非政策性业务，省级农业担保机构开展的非政策性农业信贷担保业务和其他混业经营的融资性担保公司开展的农业信贷担保业务，不享受中央财政补助政策。

2020年4月，财政部出台了《关于进一步做好全国农业信贷担保工作的通知》，再次强调把握全国农担体系的政策性定位，确保全国农担体系的独立性，严格执行政策性业务范围和标准。同时，围绕全国农担体系稳步做大业务规模，充分发挥政策性农担职能作用，加强自身能力建设，合力做大业务规模，健全农担风险防控机制和激励约束机制等方面进一步完善政策体系。

2.4 新型政策性农业融资担保建设成效及运行现状

在农业政策性担保体系总体制度框架基础上，我国用3年时间建成了完整的农业政策性担保组织体系。截至目前，各省级农担公司结合地方实际形成了各具特色的业务运行体系，整体上初步实现政策性目标和持续性目标的统一，取得了良好的运行成效。

2.4.1 新型政策性农业融资担保建设成效

2.4.1.1 政策性农业融资担保体系日臻完善

我国新型政策性农业融资担保体系由中央和省级农业信贷担保工作指导委员会、国家农业信贷担保联盟有限责任公司（以下简称"国家农担联盟"）、省级农担公司及其分支机构组成，其业务关联及隶属关系如图2-2所示。其中，中央和省级农业信贷担保工作指导委员会由中央和省级财政、农业、银监等部门设立，负责制定细化相关政策措施，指导、协调、管理和推动做好省级农业信贷担保体系建设和运营；国家农担联盟由财政部出资设立并接受省级农担公司入股，主要为各级担保机构提供政策和业务指导、行为规范和风险救助、再担保、人员培训和信贷政策对接等服务；各省级农担公司由省级财政利用中央财政资金和省级财政资金设立，并通过设立区域运营中心、地市分公司（子公司）、县级办事处和乡镇代办点等形式向基层延伸服务网络，以实现对主要农业生产地区和新型农业经营主体的业务覆盖。

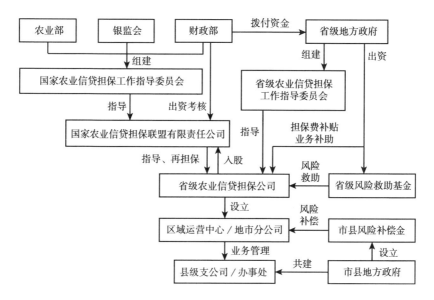

图2-2 全国农担体系组织结构

资料来源：笔者根据政策文件及实地调查资料整理。

截至2017年12月，全国33家省级（含直辖市和副省级城市）农担公司全部成立（含新设和改制）。截至2021年末，全国33家省级（含直辖市和副省级城市）农担公司共设立市县级分支机构1677家，其中自有分支机构1041家，与超过1200个市县级地方政府签署了合作协议。33家省级农担公司共有专职员工超过3700人。除上海、西藏、深圳暂未成立农担公司外，农担业务已覆盖全国 2682 个县级行政区[①]。

2.4.1.2　政策性农业担保机构资本金实力逐年增强

注册资本金规模是担保机构担保能力最重要的决定因素。自 2015 年开始，中央财政中央支持粮食适度规模经营资金分 3 年时间由各省分批注入全国农业信贷担保机构。在此基础上，各省级政府可以运用本级财政资金为农担公司注资，允许金融机构在不超过 20% 的范围内参股省级农担公司[②]，全国新型农业担保体系资本金规模逐年扩大（见表 2 - 3）。截至 2022 年 6 月底，全国农担体系资本金总规模达到 637.69 亿元（不包括国家农担联盟），其中 520.06 亿元（占比 81.55%）来自中央财政支持粮食适度规模经营资金。

表 2 - 3　　　　全国省级农业担保公司注册资本金总额及构成情况　　　单位：亿元

年份	注册资本金总额	其中	
		非财政直接出资金额	中央支持粮食适度规模经营资金
2016	346.95	—	265.15
2017	483.62	—	404.41
2018	533.81	—	453.93
2019	590.77	—	510.51
2020	644.07	9.59	513.91
2021	655.43	9.39	523.88
2022 年 9 月	637.69	24.85	520.06

资料来源：笔者根据国家农担联盟数据整理。

2.4.1.3　政策性农业担保机构政策性、独立性和专注性突出

我国新型政策性农业融资担保运行的核心载体是农业担保机构。为增强

---

① 资料来源：《国家农担公司：架起"三农"融资桥》，人民网，2022 年 5 月 20 日，http://finance.people.com.cn/n1/2022/0520/c1004 - 32426329.html。

② 制度文件允许金融机构在不超过 20% 的范围内参股省级农担公司。

政策性农业融资担保运行的市场化程度，减少地方政府对担保机构经营决策的影响，我国政策性农业担保机构的建设遵循了政策性、独立性和专注性原则。政策性方面，我国 33 家政策性农业担保机构均奉行保本微利经营原则，向农业经营主体收取的担保费率不超过 1.5%，其主管部门也主要考核其政策性和持续性目标达成情况，弱化了利润目标的考核。独立性方面，截至 2022 年底，33 家省级农担公司中除北京和厦门两地农担公司外均具有了独立法人地位，建立了法人治理结构，实现了法人独立、业务独立、财务独立、考核独立、管理独立。同时，各省级农担公司组建了专业化的经营管理团队，在产品设计、业务决策、风险管理等方面具备了市场化运作能力。专注性方面，自财政部、农业部、银监会《关于做好全国农业信贷担保工作的通知》发布"双控"标准后，各家政策性担保机构，逐步退出非农和大额担保存量业务，将业务范围聚焦于农业产业领域。截至 2022 年底，33 家省级农担公司"双控"范围内的业务占比达到 94.73%[①]。

2.4.1.4　互利共赢的银担合作关系初步形成

银担合作是农业信贷担保业务开展的基础。我国农业政策性担保制度文件提出了银担共赢的合作原则，引导农业信贷担保机构建立与银行之间合理的风险分担机制和利益分享机制，同时明确了"降低利率上浮比例、取消保证金要求、适度分担风险"的合作银行准入条件。在此基础上，农业信贷担保公司依托组织优势与各家银行总部逐一开展"总对总"谈判，实践运行中，各家农业信贷担保公司通过自身的运作降低银行发放农业贷款的成本和风险，从而构建起与银行的长期互信关系。截至 2022 年 5 月，全国农担体系与超过 1300 家包括地方区域性银行、农商行等金融机构建立了合作关系，银行授信超过 1 万亿元[②]；绝大多数银行免除了对农业担保机构的保证金要

---

① 资料来源：国家农担联盟。

② 资料来源：《国家农担公司：架起"三农"融资桥》，人民网，2022 年 5 月 20 日，http：//finance. people. com. cn/n1/2022/0520/c1004 – 32426329. html。

求；绝大多数银行对担保贷款承担了 20% 的风险责任，部分省份的商业银行尤其是中小商业银行承担的风险比例提高到了 30%～50%；绝大多数商业银行发放的担保贷款利率不超过基准利率的 1.2 倍，一些中小金融机构贷款利率控制在基准利率的 1.5 倍以内。至此，我国政策性农业担保业务中银行不分担风险的局面得到初步扭转。

2.4.2 新型政策性农业融资担保运行成效

2.4.2.1 担保业务规模逐年上升

自新型政策性农业担保体系建立以来，担保业务规模不断扩大。具体来说，年度新增担保贷款余额从 2016 年的 175.84 亿元增长到 2021 年的 2773.14 亿元。2022 年上半年，新增担保贷款余额已超过 1500 亿元；年度新增担保贷款项目数也从 2016 年的 4.1 万个，增加到 2021 年的 83.56 万个；期末在保余额从 2016 年的 203.56 亿元，增长到 2022 年 6 月的 3532.28 亿元；在保项目数量从 2016 年的 4.75 万个，增加到 2022 年 6 月的 109.77 万个。随着担保贷款业务规模的增长，全国政策性农业担保体系的放大倍数稳步提高，从 2016 年的 0.59 提高到 2022 年 6 月的 5.54（见表 2-4）。

表 2-4　　　　　　全国政策性农业担保机构业务增长情况

年份	当期新增担保贷款余额（亿元）	当期新增担保贷款项目个数（万个）	期末在保余额（亿元）	在保项目数量（万个）	放大倍数（在保余额/资本金）
2016	175.84	4.10	203.56	4.75	0.59
2017	290.92	7.73	304.01	8.08	0.63
2018	640.56	19.19	684.66	20.51	1.28
2019	1058.85	33.09	1190.36	38.82	2.01
2020	1919.90	68.84	2117.98	74.90	3.29
2021	2773.14	83.56	3214.84	104.15	4.90
2022 年 6 月	1529.68	39.86	3532.28	109.77	5.54

资料来源：国家农担联盟。

2.4.2.2　担保业务覆盖面不断扩大

在新型政策性农业担保业务规模扩大的同时，其担保业务覆盖面也不断扩大。"双控"标准的出台有效约束了农业担保机构从事非农和大额担保业务的冲动，使政策效果在聚焦农业的同时，逐渐向适度规模经营的新型农业经营主体和小农户下沉。担保贷款在保项目个数从 2016 年的 4.75 万个，增加到 2022 年 6 月的 109.77 万个。与此同时，全国政策性农业担保机构户均贷款规模逐年下降后维持在 30 万元左右（见图 2 - 3）。

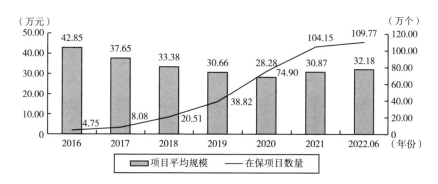

图 2 - 3　全国农担体系业务覆盖情况

资料来源：国家农担联盟。

2.4.2.3　农业经营主体信贷可得性提高

政策性农业融资担保旨在提高我国农业经营主体信贷可得性。2021 年，全国农担体系新增项目平均担保费率 0.62%，平均贷款利率 5.46%，平均综合融资成本 6.08%①。2019 年 4 月，对全国 15 家省级农担公司的 650 笔农业担保贷款抽样数据显示，我国新型政策性农业融资担保有效降低了农业经营主体贷款申请门槛、放大了农业经营主体信贷额度、降低了农业经营主体融资成本，农业经营主体在贷款期限选择和还款方式上相较传统银行贷款

---

①　资料来源：《国家农担公司：架起"三农"融资桥》，人民网，2022 年 5 月 20 日，http://finance.people.com.cn/n1/2022/0520/c1004 - 32426329.html。

具有更大的灵活性。获得农业担保贷款支持后，农业经营主体雇员规模和经营规模得到进一步扩大。但是，农业担保贷款的审批速度相较于非担保贷款有所下降。

2.4.2.4 农业信贷担保政策效能有待提高

尽管从总体来看我国新型政策性农业担保业务规模和覆盖面都不断扩大，但从省级层面来看，各省政策性农业担保的政策效能仍有提升空间。图2-4显示，截至2022年6月，全国农业担保公司总体放大倍数为5.54倍，但33家省级农业担保公司中仅有1家公司放大倍数超过了10倍，有10家农业担保公司放大倍数低于4倍，20家农业担保公司放大倍数低于全国平均水平。这表明多数农业担保机构相对于其资本金规模来说，其担保的农业贷款规模较小，其引导金融机构扩大农业信贷投放、提高农业经营主体信贷可得性的政策效能尚未得到充分发挥。

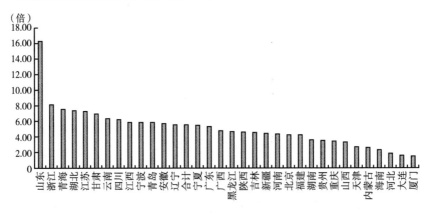

图 2-4　全国及主要省市担保机构放大倍数（截至 2022 年 6 月）

注：放大倍数＝担保贷款余额/注册资本金。

资料来源：国家农担联盟。

2.4.2.5 农业担保机构可持续能力有待增强

当前，我国政策性农业担保机构风险水平与可持续发展能力较好，从全国平均水平来看，2018年至2021年，我国政策性农业信贷担保体系代偿率

（追偿前）分别为 1.98%、0.02%、1.5% 和 1.4%，呈现总体下降趋势，成立以来累计代偿率 1.53%，远低于 2020 年融资担保行业 2.76% 的平均代偿率水平。但从省级农业担保机构角度，担保机构之间的代偿率差异较大。图 2-5 表明，截至 2022 年 6 月，33 家省级农业担保机构中有 8 家的代偿率超过 2%，20 家代偿率超过 1%，15 家省级农担公司代偿率超过全国平均水平。以上分析表明，我国政策性农业担保机构可持续发展能力仍有待增强。

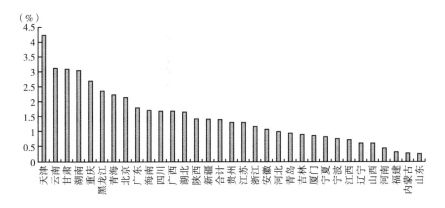

图 2-5　全国及主要省市担保机构代偿率（截至 2022 年 6 月）

注：代偿率（追偿前）＝当年代偿金额/当年解除担保金额×100%。

资料来源：国家农担联盟。

2.5　本章小结

本章主要分析了中国政策性农业融资担保建设发展历程及现状。研究发现，中国传统政策性农业融资担保缺乏独立专业的担保机构及可持续运作的制度基础，担保无法兼顾政策性和持续性双重目标。而农业规模化和集约化转型、新型农业经营主体融资困境、财政农业支出方式面临转型是中国新型政策性农业融资担保产生的背景因素。当前中国政策性农业融资担保体系日臻完善，政策性农业担保机构资本金实力逐年增强，政策性农业担保机构政策性、独立性和专注性突出，互利共赢的银担合作关系初步形成。同时，中国政策性农业融资担保业务规模逐年上升，担保业务覆盖面不断扩大，农业经营主体信贷可得性提高。但政策性农业融资担保的政策效能有待提高，农业担保机构可持续能力有待增强。

第 3 章

政策性农业融资担保有效性问题的现实成因及理论阐释

农业信贷市场中，银行金融机构与农业经营主体之间严重的信息不对称，是农业融资难题形成的原因。作为政策性农业融资担保体系运行的核心，农业担保机构介入农业借贷关系后，旨在缓解农业信贷市场信息不对称，促进银行金融机构的农业信贷投放、提高农业经营主体信贷可得性。但是，农业担保机构又会与农户之间形成新的信息不对称，导致政策性农业担保无法实现有效运行，突出表现为担保机构的双重目标冲突。而厘清政策性农业担保有效性问题的现实成因和理论内涵，对于分析和解决其有效性问题具有基础性作用。为此，本部分主要分析政策性农业融资担保有效性问题的现实成因，进而从理论上阐释其有效性问题的理论内涵。

3.1 政策性农业融资担保有效性问题的现实成因[*]

3.1.1 政策性农业融资担保双重目标的内涵释义

政策性农业融资担保的作用机理在于将政府信用植入农业信贷关系，充

---

[*] 从实践层面，政策性农业融资担保的有效运行表现为农业担保机构实现政策性和持续性双重目标的统一，对于农业担保机构兼顾双重目标的实现机制，详见笔者发表在《农村金融研究》2021年第5期的阶段性成果《双重目标冲突下农业政策性担保运行机制研究——基于新型农业信贷担保的山东实践》。

当农业融资中的抵押品替代机制，降低借贷双方的交易成本和信息不对称程度，从而提高农业生产经营主体的信贷可得性。政策性农业融资担保需要依托政策性担保机构实施，而政策性农业担保机构经营过程中需要兼顾政策性和持续性的双重目标。

3.1.1.1 政策性目标

农业政策性担保机构由政府出资建设，旨在弥补农业信贷市场失灵，因而其运作目标具有明显的政策性特征。与商业性担保相比，其首要目标不是追求利润最大化，而是帮助农业生产经营主体获得信贷资金，实现农业产业发展和竞争力提升。与互助性担保相比，其作用范围并非局限在一定数量的农业生产经营主体内部，而是我国全部农业产业链上的生产经营主体。因此，政策性农业信贷担保的政策性目标是指，政策性农业担保机构通过自身的运营，帮助尽可能多的农业生产经营主体最大限度地获得生产经营所需的信贷资金。政策性担保机构服务的农业客户数量越多，撬动的农业信贷规模越大，其政策性目标的实现情况就越好。

3.1.1.2 持续性目标

政策性农业融资担保的本质是财政资金的市场化运用，与政府补贴等消耗性使用方式不同，其强调运用市场机制实现财政资金的循环使用。这就要求担保机构在运营过程中的各项收入能够覆盖各类成本和风险，维持自身的长期存续或实现可持续发展，即持续性目标。

3.1.1.3 双重目标的内在一致性

政策性农业融资担保双重目标之间具有相互增进的内在一致性，决定了农业政策性担保必须兼顾双重目标。首先，政策性目标要求担保机构实现可持续运行，因为担保机构的持续运营能够不断放大政策效果，放大政策性目标。反之，如果持续性目标难以实现，其政策效果会局限于一定的业务规模内和一定的时间阶段中，形成财政资金的消耗性使用，政策效果会大打折扣。另外，专注于政策性目标有助于担保机构发育出开展农业信贷担保业务的专业优势，也有助于担保机构获得政府持续的政策支持，从而增强自身可持续性。而政策性目标的丢失会导致担保机构偏离其设立的初衷，即便实现了自身的可持续，其政策性目标也将无法实现。

3.1.2 政策性农业信贷担保双重目标冲突的形成机理

农业政策性担保的政策性目标要求担保机构最大化其服务的农业客户数量和农业担保贷款规模，而持续性目标要求其实现收入对成本的覆盖。但由于农业客户小而散和高风险特性，以及信息不对称条件下的逆向选择和道德风险，使担保机构面临双重目标的冲突（见图3-1）。

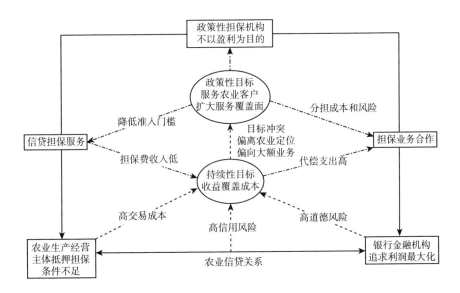

图3-1 农业政策性担保双重目标冲突形成机理

3.1.2.1 农业生产特性使担保机构面临较高的操作成本和风险成本

相对于工商业来讲，农业客户单笔信贷需求规模较小，而且农业客户大多位于城市郊区和农村地区，农业担保机构服务农业客户过程中需要考察客户基本信息和经营状况以作出担保决策，这需要支付较高的操作成本。同时，农业生产面临的市场和自然双重风险会导致农户无法如期偿还银行贷款，而服务农业客户的担保机构随之也面临农户违约引发的代偿风险。简而言之，金融机构发放农业贷款面临的操作成本和风险成本，同样是政策性担保机构所面临的问题。

3.1.2.2 信息非对称条件下担保机构面临逆向选择和道德风险

首先，农业生产经营主体信息不透明，导致担保机构与农业客户之间存在严重的信息不对称。一方面，农业生产经营主体财务信息和交易记录不完整、不规范，担保机构甄别低风险客户需要支付更高的信息成本；另一方面，担保机构服务的是因有效抵押品缺失而被金融机构排斥的客户，难以通过抵押品降低客户甄别的信息成本。同时，客户有效抵押品缺失也使担保机构面临更高的道德风险。其次，农业担保机构介入农业借贷关系后，不但面临农业经营主体的道德风险，还面临银行的道德风险，如果缺乏有效的激励约束机制，极易导致金融机构向担保机构转嫁风险，甚至与客户合谋向担保机构转嫁风险。显然，信用担保没有改变信息不对称问题的实质，在解决银企之间信息不对称的同时，其自身与银行之间会产生新的信息不对称（黄海沧和李建琴，2003）。上述情况均会加重农业担保机构运营过程中的风险成本。

3.1.2.3 政策性担保机构在扩大业务覆盖面和控制成本及风险之间的两难选择

农业担保机构要想实现政策性目标，必须在信息不对称条件下为更多农业客户融资提供信用担保服务，但会面临极高的交易成本和风险成本，不利于实现自身的可持续发展。而为了实现自身经营的可持续，最直接的手段包括：一是排斥农业产业和农业客户以规避风险；二是通过提高单笔业务规模降低交易成本；三是提高担保费率即提高收入水平以覆盖成本和风险；四是通过附加一定的抵押品（反担保）要求或者降低与银行之间的担保责任比例来降低自身风险。显然，前两种手段都会直接降低担保机构服务的农业客户数量，使其偏离政策性目标，此外，如果提高单笔业务规模即第二种手段，还可能使其偏离持续性目标。因为大规模客户一旦违约将导致担保机构的大额代偿损失，严重损害其可持续发展能力。

那么，政策性农业担保机构能否通过提高收费标准，即提高担保费率来覆盖上述成本以提高自身可持续发展能力呢？如果农业担保机构提高担保费率，一方面会加重农业生产经营主体的融资成本，导致一部分客户退出市场，影响担保机构政策性目标的实现。另一方面在缺乏有效抵押品的情况下提高担保费率，还会带来逆向选择风险的提高，即高风险客户的增加，并最终影响担保机构实现其持续性目标。进一步地，政策性农业担保机构也很难通过附加抵押品（反担保）要求或者降低与银行之间的担保责任比例来实现可持续发展。首先，农业担保机构的客户往往缺乏银行认可的有效抵押品。如果农业担保机构提出抵押品（即反担保）要求，这部分农户同样会退出市场，影响担保机构政策性目标的实现。其次，如果担保机构降低担保责任比例，会加重金融机构的风险负担、削弱金融机构发放农业贷款积极性，而金融机构一旦退出农业担保贷款业务，担保机构的政策性目标也就无法实现。

综上所述，政策性农业信贷担保双重目标冲突的形成机理在于政策性担保机构从事农业担保业务时面临的高成本、高风险与低收益的矛盾，导致政策性担保机构在扩大业务覆盖面和控制成本及风险之间面临两难选择。

3.2　政策性农业融资担保有效性分析框架及委托代理关系分析

3.2.1　委托代理的一般分析框架

委托代理理论认为，在信息不对称的条件下，代理人可以利用信息优势谋取自身效用最大化，如果委托人和代理人利益不一致甚至相冲突，委托人谋取自身效用最大化的行为会损害代理人的利益，从而可能产生委托代理问题（Ross，1973；Grossman and Hart，1983；Holmstrom and Milgrom，1991）。

解决委托代理问题的关键在于委托人如何设计一种有效的激励机制，促使代理人采取适当行动，最大限度地增进委托人的利益，实现资源配置的帕累托最优。委托人所设计的激励机制包括显性激励和隐性激励两个方面，其中，显性激励主要通过引入监督机制等方式来增加关于代理人的行为信息，降低委托人与代理人之间的信息不对称程度，还可以对代理人进行一定程度的激励，以实现委托人和代理人之间的激励相容。而隐性激励方面，委托人可以借助代理权竞争、声誉等机制迫使代理人努力工作。

委托人的激励制度设计必须满足两个约束条件，即参与约束与激励相容约束。参与约束是指代理人执行此契约的效用大于不执行的效用，而激励相容约束是指代理人执行此契约的收益不但大于其采取其他行动的收益，而且委托人的收益也可得到有效保证，符合其收益最大化的预期目标。

委托代理分析框架下解决委托代理问题的思路在于，首先，通过利益冲突与信息不对称两个假设，构造出所要研究的代理问题；其次，通过分析解决该问题所面临的环境，找出解决问题的参与约束条件和激励相容约束条件；最后，在约束条件下，求解委托人效用最大化的解，解出委托人所设计的契约应具备特征。

3.2.2　农业信贷市场中的委托代理关系分析

3.2.2.1　完全信息条件下农业信贷市场的均衡

农业生产面临市场和自然双重风险，加之农业经营主体经营分散、资金需求规模小，因此，银行金融机构发放农业贷款面临较高的成本和风险。完全信息条件下，银行金融机构在贷款发放之前能够观察到农业经营主体的风险类型，进而向高风险农业经营主体（或高风险项目）制定相对较高的贷款利率，向低风险农业经营主体（或低风险项目）制定相对较低的贷款利率，此时高风险农业经营主体无法冒充低风险农业经营主体获取低利率贷款。在贷款发放之后，银行金融机构能够观察到两类农业经营主体的经营行为，两类农业经营主体均无法通过将贷款挪用到高风险项目上，抑或是降低自身努力程度等机会主义行为获益，而且两类农业经营主体努力经营也会最大化银行的利益。综上所述，委托代理分析框架下，农业信贷市场能够在完全信息条件下达到分离均衡状态，两类农业经营主体均能按照符合自身风险水平的贷款利率获得贷款，在上述过程中，尽管两类农业经营主体与银行金融机构利益目标不一致，但各主体追求利益最大化过程中不存在激励相容冲突。

3.2.2.2　信息非对称条件下农业信贷市场中的委托代理问题

农业经营主体财务资料不健全、缺乏征信记录，银行无法以较低的成本获得有关农业经营主体的全部信息，因而农业信贷市场存在严重的信息不对称：在贷款发放之前，无法区分高风险和低风险两类农业经营主体，而只能以一定的利率提供贷款；在贷款发放之后，银行也无法观察到两类农业经营主体的真实经营行为和经营的努力程度。信息非对称条件下，银行金融机构发放农业贷款将面临严重的逆向选择和道德风险问题（Stiglitz and Weiss，1981）：高风险农业经营主体作为信息优势方，在贷款发放之前，有机会伪装成低风险农业经营主体，以获取利率相对较低的贷款，最大化自身利益的同时损害银行金融机构的利益；在贷款发放之后，两类农业经营主体均能够通过机会主义行为最大化自身收益，同时降低银行金融机构的收益。

面对信息不对称引发的逆向选择和道德风险问题，如果银行通过支付信息成本来增加农业经营主体的信息，会降低自身的收益水平；如果银行金融机构提高贷款利率，低风险农业经营主体将逐渐退出信贷市场，银行金融机构的信贷组合中，高风险农业经营主体的比重和银行金融机构的风险水平随之提高。以上分析表明，农业信贷市场在非对称信息条件下只存在混同均衡，两类农业经营主体追求自身利益最大化的行为会损害银行金融机构的利益，农业信贷市场中存在激励相容冲突。为缓解与农业客户之间的信息不对称，降低交易成本和风险，金融机构往往借助抵押担保条件对农业经营主体实施信贷配给，而农业经营主体则因为抵押担保条件不足被排斥在信贷市场以外，面临"融资难"和"融资贵"问题。

3.2.3 政策性农业担保贷款中的委托代理问题分析

信息非对称条件下，政策性担保机构介入农业信贷关系后，银行金融机构与农业经营主体之间的委托代理关系，转化为政策性担保机构与银行金融机构之间，以及政策性担保机构与农业经营主体之间的委托代理关系（见图 3 - 2）。

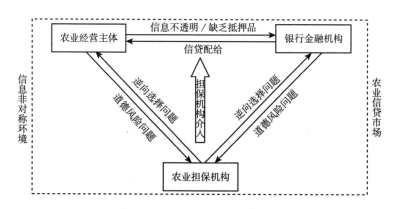

图 3 - 2　政策性农业融资担保有效性分析框架

首先，政策性担保机构掌握是否为农业经营主体提供信用担保服务的决策权，对抵押担保条件不足的农业经营主体的融资活动来讲是稀缺资源，而且农业经营主体相对于政策性担保机构拥有信息优势。此时，政策性担保机构扮演委托人角色，而农业经营主体则扮演代理人角色。其次，政策性担保机构掌握是否为银行金融机构的农业经营主体客户提供信用担保服务的决策权，对降低银行农业信贷成本和风险来讲是稀缺资源，而且银行金融机构相对于政策性担保机构拥有信息优势。此时，政策性担保机构扮演委托人角色，而银行金融机构扮演代理人角色。

3.2.3.1　三方参与主体的利益目标与参与约束条件

农业担保贷款中，政策性担保机构、银行金融机构以及农业经营主体拥有不同的利益目标和参与约束条件如表 3 - 1 所示。

表 3 - 1　　政策性农业融资担保各参与主体的利益目标和参与约束条件

项目	政策性担保机构	银行金融机构	农业经营主体
利益目标	担保贷款规模最大化	利润最大化	
参与约束	可持续运行：经营收入不低于经营成本	发放农业贷款的收益不低于发放农业贷款的成本；发放农业担保贷款的收益不低于发放担保贷款的成本	农业项目的预期收益不低于融资成本；担保贷款的融资成本不高于非担保贷款的融资成本

首先，政策性担保机构由政府出资设立，以提高农业经营主体信贷可得性为经营目标，追求担保贷款规模的最大化。与此同时，政策性担保机构利益目标的实现，必须以自身的可持续运行为参与约束条件，即农业担保机构的担保费收入及其他各项收益应当覆盖其代偿支出及其他各项成本。如果担保机构的经营收入无法覆盖经营成本，担保机构则会因为过高的代偿损失，抑或是风险规避动机而退出农业信贷市场。

其次，银行金融机构作为商业性金融机构，以利润最大化为利益目标，其参与约束有两个，一是发放农业贷款的收益不低于发放农业贷款的成本；二是发放农业担保贷款的收益不低于发放担保贷款的成本，其中，收入主要体现为利息收入，成本则包括资金成本、业务成本和风险成本三部分。由于农业高风险特性和农业信贷市场竞争不充分，银行金融机构发放农业贷款还会考虑机会成本，即从事非农信贷业务的收益，此外还有银行金融机构的垄断利润。如果银行金融机构的利息收入无法覆盖交易成本和风险，则会停止发放贷款或退出农业担保贷款市场。

最后，农业经营主体也是以利润最大化为利益目标，同时其申请农业担保贷款的参与约束有两个：一是通过贷款投入农业项目的预期收益不低于融资成本；二是通过政策性担保获取贷款的融资成本（包括银行贷款利率和担保费率）不高于直接向银行获取贷款的融资成本（主要是银行贷款利率）。如果农业经营主体将贷款投入农业项目获得的收益低于融资成本，或者获取政策性担保贷款的融资成本高于直接向银行金融机构获取贷款的融资成本，农业经营主体将放弃获取政策性担保贷款。

3.2.3.2 三方参与主体间的激励相容冲突

基于上述三种参与主体不同的利益目标，三种参与主体在信息非对称情况下参与农业担保贷款活动，其追求自身利益最大化的行为将形成两个层面的激励相容冲突。

首先，政策性担保机构与农业经营主体之间存在利益冲突。信息非对称条件下，政策性担保机构在为农业经营主体提供信用担保服务之前，面临逆向选择风险。如果政策性担保机构无法充分掌握或以较低的成本掌握农业经营主体（农业项目）的风险水平，高风险农业经营主体（农业项目）可以冒充低风险农业经营主体（农业项目）获取担保贷款，导致政策性担保机构代偿率上升；如果政策性担保机构提高担保费率，低风险的农业经营主体（农业项目）会逐步退出信贷担保市场，政策性担保机构的客户中，高风险的农业经营主体（农业项目）占比逐渐提高，其最终的代偿损失也将上升。而政策性担保机构在为农业经营主体提供信用担保服务之后，也面临道德风险问题。如果政策性担保机构在为农业经营主体提供信用担保服务之后，无法观察或者以低成本观察农业经营主体的行为特征，农业经营主体获取担保贷款后可能会降低经营管理的努力程度或者将贷款挪用到高风险项目上，导致农业担保公司风险水平和代偿率的上升。综上所述，信息非对称条件下，农业经营主体追求自身利益最大化的行为将损害政策性担保机构的利益，影响后者利益目标的实现。

其次，政策性担保机构与银行金融机构之间存在利益冲突。信息非对称条件下，政策性担保机构与银行金融机构达成业务合作之前面临银行的逆向选择问题。信息非对称条件下政策性担保机构无法了解银行金融机构的风险管理能力。在担保比例比较高的情况下，风险管理水平高的银行金融机构和风险管理水平低的金融机构都能够与农业担保机构开展合作，但此时风险管理水平低的银行金融机构便可以将自身面临的信贷风险转嫁给政策性担保机构（获取信息租金）。如果政策性担保机构降低担保比例，此时风险管理能力强的银行金融机构的合作意愿会随之降低甚至退出担保贷款业务，而风险管理能力弱的银行金融机构仍然愿意与农政策性担保机构合作，导致后者更高的风险水平和代偿率。信息非对称条件下，政策性担保机构与银行金融机构达成业务合作之后则面临银行的道德风险问题。信息非对称条件下，政策性担保机构与银行金融机构达成合作协议之后，无法观察或者无法低成本地观察到银行金融机构贷后管理的信贷管理行为，银行金融机构可能会放松对农业经营主体的贷前考察和贷后追踪，甚至将高风险客户尤其是存量高风险客户推荐给政策性担保机构，导致后者风险水平和代偿率的上升。综上所述，信息非对称条件下，银行金融机构追求自身利益最大化的行为将损害政策性担保机构的利益，影响后者利益目标的实现。

3.3　政策性农业融资担保有效性问题的理论内涵

基于政策性农业融资担保有效性分析框架，结合政策性农业融资担保的运行目标，可以从信息非对称条件下的委托代理问题角度出发，进一步概括出政策性农业融资担保有效性及有效性问题的理论内涵。作为政策性农业担保体系运行的核心，政策性农业机构肩负提高农业经营主体信贷可得性的政策目标，代表政府介入农业信贷市场，其一方面为银行金融机构分担农业贷款风险；另一方面为农业经营主体增信，因而在政策性农业融资担保机制运行过程中充当了委托人角色，并与银行金融机构和农业经营主体分别形成委托代理关系。市场化条件下，农业担保公司、金融机构和农业经营主体符合经济人假设，其经营目标都是实现自身效用最大化。由于委托人的收益直接取决于代理人的成本，而代理人的收益又是委托人的成本，因此，在信息非对称且各参与主体利益不一致的情况下，委托人和代理人追求自身效用最大化的过程中会形成利益冲突，从而产生委托代理问题。委托代理问题会导致委托人和代理人之间的激励不相容，无法实现政策性农业融资担保的政策目标。

因此，政策性农业融资担保的有效性是指，其作为一项经济机制，能够被成功执行，即实现有效运行，此时各参与主体的参与约束条件得到满足，它们追求自身利益最大化的行为会有助于担保机构提高农业经营主体的信贷可得性。而信息不对称条件下，各参与主体利益目标不一致，且追求自身利益最大化的过程中会形成利益冲突，无法实现提高农业经营主体信贷可得性的运行目标。因此，政策性农业融资担保的有效性问题，其实质是政策性农业融资担保体系内部不同利益主体之间的激励相容冲突。

3.4 本章小结

该部分旨在分析政策性农业融资担保有效性问题的现实成因，并进一步从理论上阐释其有效性问题的理论内涵。为此，本部分首先从政策性农业融资担保的双重目标出发，分析其双重目标冲突的机理；其次基于委托代理理论构建了政策性农业融资担保有效性分析框架，通过分析信息非对称条件下政策性农业担保机构、银行金融机构和农业经营主体三者之间的委托代理关系和激励相容冲突，提炼出政策性农业融资担保有效性问题的理论内涵。研究发现，政策性农业信贷担保双重目标冲突的形成机理在于政策性担保机构从事农业担保业务时面临的高成本、高风险与低收益的矛盾，导致政策性担保机构在扩大业务覆盖面和控制成本及风险之间面临两难选择。政策性农业融资担保有效性问题的本质是信息非对称条件下农业担保贷款各参与主体之间的激励相容冲突。

第 4 章

政策性农业融资担保有效运行机理及条件分析

为分析政策性农业融资担保的有效运行条件，本书构建了信息非对称环境下包含政策性担保机构、银行金融机构和农业经营主体的逆向选择模型，观察政策性担保机构介入农业信贷关系后，如何改善抵押品缺失的低风险农业经营主体的融资状况，提高农业经营主体信贷可得性。然后，进一步分析在满足哪些内外部条件的情况下政策性农业融资担保能够实现有效运行，揭示政策性农业融资担保的有效运行条件。

4.1 政策性农业融资担保有效性的理论机理

4.1.1 无担保机构时农业信贷市场的均衡状态

为分析无担保机构时农业信贷市场的均衡状态，首先设定一个一般化的市场环境。其中，农业信贷市场仅存在农户和银行金融机构两类参与主体，两者均为风险中性主体，且信贷市场结构暂时设定为垄断状态。

农业经营主体面临一个固定投入为 B 的农业投资项目，该项目在技术上不可分，它们无初始资金投资农业项目，只能通过银行贷款获得资金，同时拥有价值为 W 的可抵押资产。根据农业经营主体的风险偏好，将其分为两类：一类偏好低风险农业项目，该项目成功的概率为 p_l，成功时的收益为 Y_l；另一类偏好高风险农业项目，该项目成功概率为 p_h，成功时的收益为 Y_h，且同时满足 $p_h < p_l$ 和 $Y_h > Y_l$。如果两类项目经营失败，其收益均为零，同时两类项目具有相同的期望收益，即 $p_i Y_i = Y$（$i \in \{l, h\}$），其中，Y 为收益的期望值，$Y > B$。进一步地，令偏好低风险项目的农业经营主体占比为 λ，偏好高风险项目的农业经营主体占比为 $1 - \lambda$。

信息非对称条件下，银行无法区分申请贷款农业经营主体的风险偏好类型，只知道两类风险偏好农业经营主体的占比。为甄别农业经营主体的风险偏好类型，银行设计利率和抵押品的组合合约 $\gamma = (R, C)$ 为其提供融资。其中，$R = 1 + r$，r 表示银行贷款利率；C 为银行要求的抵押品，且 $0 \le C \le W$。农业经营主体用自有资产进行抵押，但银行在这些抵押品的处置方面不具备清算优势，因此，银行对抵押品的评估价值为 βC，其中，$0 < \beta < 1$ 为评价系数。此外，银行的可贷资金不受约束，存款利率简化为0。

目标函数与市场约束方面，若某类农业经营主体获得贷款且项目投资成功，那么他将获得收益 Y_i 并向银行支付 BR；若项目失败，则其抵押品归银行所有。因此，投资偏好为 i 的农业经营主体按合约 $\gamma_i = (R_i, C_i)$ 贷款的期望利润为 $\pi_i = Y - p_i BR_i - (1 - p_i) C_i$。

在信息不对称和农业经营主体拥有足额抵押品的前提下，若银行通过设计不同贷款合约区分农户类型，那么银行的期望利润最大化问题可以表示为：

$$\max_{R_l, R_h, C_l, C_h} \pi_b = \lambda \left[p_l R_l B + (1 - p_l) \beta C_l - B \right]$$

$$+ (1 - \lambda) \left[p_h R_h B + (1 - p_h) \beta C_h - B \right] \tag{4.1}$$

$$\text{s.t.} \quad p_l Y_l - p_l BR_l - (1 - p_l) C_l \ge p_l Y_l - p_l BR_h - (1 - p_l) C_h \tag{4.2}$$

$$p_h Y_h - p_h BR_h - (1 - p_h) C_h \ge p_h Y_h - p_h BR_l - (1 - p_h) C_l \tag{4.3}$$

$$p_l Y_l - p_l BR_l - (1 - p_l) C_l \ge 0 \tag{4.4}$$

$$p_h Y_h - p_h BR_h - (1 - p_h) C_h \ge 0 \tag{4.5}$$

约束条件式（4.2）反映投资低风险项目的农业经营主体选择合约 γ_l 的收益不低于选择合约 γ_h，式（4.3）反映投资高风险项目的农业经营主体选择合约 γ_h 的收益不低于选择合约 γ_l，约束条件式（4.4）和式（4.5）反映农业经营主体选择贷款合约的期望收益不低于零。式（4.2）~式（4.5）成立时合约 γ_l 和 γ_h 具有甄别农业经营主体投资项目偏好的作用。

此外，银行是否愿意设计不同贷款合约区分农业经营主体类型也受混同均衡状态下银行最大收益的影响。在混同均衡下，令银行为所有农业经营主体提供贷款合约 $\gamma' = (R', C')$，则银行利润的最大化问题可以表示为：

$$\max_{R',C'}\pi'_b = \lambda\left[p_l R'B + (1-p_l)\beta C' - B\right]$$
$$+ (1-\lambda)\left[p_h R'B + (1-p_h)\beta C' - B\right] \tag{4.6}$$
$$\text{s. t. } p_l Y_l - p_l BR' - (1-p_l)C' \geqslant 0 \tag{4.7}$$
$$p_h Y_h - p_h BR' - (1-p_h)C' \geqslant 0 \tag{4.8}$$

与分离均衡相比，混同均衡下的银行为所有农业经营主体提供相同合约，因此，该最优化问题无须考虑合约选择问题。

4.1.2　抵押品充足时农业信贷市场的均衡分析

由于合约 γ_l 和 γ_h 能甄别农业经营主体的项目投资偏好，因此，银行可以分别设计合约 γ_l 和 γ_h，使 $p_l R_l B + (1-p_l)\beta C_l$ 和 $p_h R_h B + (1-p_h)\beta C_h$ 最大。结合约束条件式（4.4）~式（4.5）看出，均衡状态下，合约 γ_l 和 γ_h 分别使投资低风险项目和高风险项目的农业经营主体期望收益为零，即式（4.4）和式（4.5）为紧约束。图 4-1 中，π_{l0} 和 π_{h0} 分别为投资低风险和高风险项目的农业经营主体期望收益为零的曲线，π_{lb} 和 π_{hb} 分别为银行向农业经营主体提供合约 γ_l 和 γ_h 时的期望收益曲线。由于银行对抵押品的评价系数 β 介于 0~1，因此，曲线 $\pi_{lb}(\pi_{hb})$ 比曲线 $\pi_{l0}(\pi_{h0})$ 平缓。曲线 π_{hb} 向右上方移动时，银行为高风险偏好农业经营主体提供贷款时的期望收益增加，因此，A 点对应银行向高风险偏好农业经营主体提供的贷款合约，即 $\gamma_h = (Y_h/B, 0)$。

此外，银行为低风险偏好的农业经营主体提供的贷款合约应位于曲线 π_{h0} 的右上方，否则不满足约束条件式（4.3），因此，银行向低风险偏好农业经营主体提供的贷款合约应位于 D 点，即 $\gamma_l = (Y/B, Y)$。

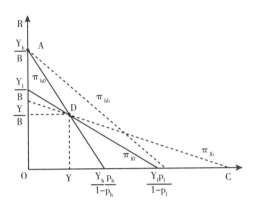

图 4 - 1　分离均衡分析

将合约的最优解 $\gamma_l = (Y/B, Y)$ 和 $\gamma_h = (Y_h/B, 0)$ 代入式（4.1），得到银行期望收益的最大值为 $\pi_b = [1 - \lambda (1 - p_l) (1 - \beta)] Y - B$。对银行而言，期望收益不小于零是其愿意为农业经营主体提供贷款的前提，因此，$\lambda (1 - p_l) (1 - \beta) \leqslant 1 - B/Y$ 和 $Y \leqslant W$（农业经营主体能够提供足额担保）是银行设计合约 γ_l 和 γ_h 为农业经营主体提供贷款的必要条件。

混同均衡中，$\gamma' = (R', C')$ 取值的可行域如图 4 - 2 中阴影部分所示。当目标函数曲线的倾斜程度比 π_{l0} 大时（如曲线 π'_{b1} 所示），均衡位于 D 点；当目标函数曲线的倾斜程度比 π_{l0} 小时（如曲线 π'_{b2} 所示），均衡位于 G 点。由此可知，满足 $\dfrac{\lambda (1 - p_l) + (1 - \lambda) (1 - p_h)}{\lambda p_l + (1 - \lambda) p_h} \beta > \dfrac{1 - p_l}{p_l}$ 时，银行为所有农业经营主体提供合约 $\gamma' = (Y/B, Y)$，最大期望收益为 $[1 - [\lambda (1 - p_l) + (1 - \lambda) (1 - p_h)] (1 - \beta)] Y - B$；满足 $\dfrac{\lambda (1 - p_l) + (1 - \lambda) (1 - p_h)}{\lambda p_l + (1 - \lambda) p_h} \beta$

$< \dfrac{1 - p_l}{p_l}$ 时，银行为所有农业经营主体提供合约 $\gamma' = (Y_l/B, 0)$，最大期望收益为 $\lambda p_l Y_l + (1 - \lambda) p_h Y_l - B$。

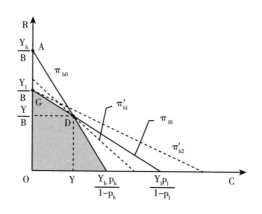

图 4-2　混同均衡分析

银行在分离均衡的最大收益大于混同均衡时，它将为农业经营主体提供不同的合约，否则将为农业经营主体提供统一的贷款合约。可以证明，混同均衡位于 D 点时，分离均衡时银行的最大期望收益总是大于混同均衡，因此，银行在该状态下不会选择为所有农业经营主体提供贷款合约 $\gamma' = (Y/B，Y)$。混同均衡位于 G 点时，若 $(1-\lambda)(1-p_h/p_l) > \lambda(1-p_l)(1-\beta)$，银行在分离均衡时的期望收益大于混同均衡，此时银行将为农业经营主体提供合约 γ_l 和 γ_h；若 $(1-\lambda)(1-p_h/p_l) < \lambda(1-p_l)(1-\beta)$ 且 $\lambda p_l + (1-\lambda)p_h > B/Y_l$（期望收益大于零），那么银行将为所有客户提供贷款合约 $\gamma' = (Y_l/B，0)$。

命题 1　农业经营主体具有足额抵押品（$Y \leqslant W$）的信贷市场中，若满足 $\lambda(1-p_l)(1-\beta) \leqslant 1 - B/Y$ 且 $\dfrac{\lambda(1-p_l)+(1-\lambda)(1-p_h)}{\lambda p_l+(1-\lambda)p_h}\beta > \dfrac{1-p_l}{p_l}$，则银行将分别设计合约 $\gamma_l = (Y/B，Y)$ 和 $\gamma_h = (Y_h/B，0)$ 区分不同风险偏好的农业经营主体，具有低风险偏好的农业经营主体选择合约 γ_l，具有高风险偏好的农业经营主体选择合约 γ_h；若市场参数满足 $\lambda p_l + (1-\lambda)p_h > B/Y_l$ 和 $\dfrac{\lambda(1-p_l)+(1-\lambda)(1-p_h)}{\lambda p_l+(1-\lambda)p_h}\beta < \dfrac{1-p_l}{p_l}$，则银行将向所有农业经营主体提供合约 $\gamma' = (Y_l/B，0)$，此时市场处于混同均衡。

由于银行对农业经营主体提供的抵押品的处置能力较低（处置成本高），因此，农业经营主体期望利润不变的情况下，银行更愿意提高贷款利率、降低抵押品价值。如图 4 - 1 所示，曲线 π_{lb} 和 π_{hb} 距离原点越远，银行的期望收益越高，它们与 π_{l0} 和 π_{h0} 交点的利率越高、抵押品价值越低。在命题 1 中，农业信贷市场处于分离均衡时，两类农业经营主体的期望利润均为零，此时，银行为分离两类农业经营主体损失了部分利润，即曲线 π_{lb} 和 π_{l0} 的交点不是（0，Y_l/B）。农业信贷市场处于混同均衡时，低风险偏好农业经营主体的期望利润为零，高风险偏好农业经营主体的期望利润大于零，此时，与合约 γ_l =（Y/B，Y）相比，银行为低风险偏好农业经营主体提供贷款合约 γ' =（Y_l/B，0）所带来的期望利润变高，但从高风险偏好农业经营主体中获得的利润降低（即图 4 - 2 中曲线 π'_{b2} 比曲线 π_{hb} 更低）。

从命题 1 看出，β 较大（小）且 λ 较小（大）时，农业信贷市场更可能处于分离（混同）均衡。其原因在于，若银行对抵押品的清算能力较强且低风险偏好农业经营主体较少，那么混同均衡到分离均衡转变的过程中，银行为低风险偏好农业经营主体提供贷款，损失的利润低于为高风险农业经营主体提供贷款增加的利润。此时，农业信贷市场处于分离均衡状态，低风险偏好农户可以通过提供抵押物降低融资成本。反之，若银行对抵押品的清算能力较差且低风险偏好农户较多，那么为农户提供单一贷款合约的混同均衡是市场最优解，此时，低风险偏好农户的融资成本较高。

4.1.3　抵押品缺失时农业信贷市场的均衡分析

农业经营主体的抵押品不满足分离均衡存在条件时（Y > W）且 $\frac{\lambda(1-p_l)+(1-\lambda)(1-p_h)}{\lambda p_l+(1-\lambda)p_h}\beta > \frac{1-p_l}{p_l}$ 时，合约 γ_l =（Y/B，Y）和 γ_h =（Y_h/B，0）无法将不同风险偏好的农业经营主体区分开，此时，农业信贷市场可能出现两种情况：第一种情况是低风险偏好农业经营主体退出市场；第二种情况是银行设计新的贷款合约，使两类农业经营主体均能获得贷款。

第一种情况下，银行只为农业经营主体提供贷款合约 $\gamma = (Y_h/B, 0)$，偏好低风险项目的农业经营主体在该合约状态下期望利润为负，因而他们退出信贷市场，市场存在信贷配给。此时，银行的最大期望利润为 $\Pi_{bl} = (1 - \lambda)(Y - B)$。

第二种情况下，银行为农业经营主体提供的贷款合约中，抵押品价值的要求不得高于 W，否则低风险偏好的农业经营主体仍将退出市场。此时，式（4.1）的最优化问题需要引入以下约束条件：

$$C_h \leqslant W \qquad\qquad (4.9)$$

$$C_l \leqslant W \qquad\qquad (4.10)$$

图 4 - 3 为银行设计不同贷款合约区分农业经营主体类型的示意图，其中，E 点和 F 点为分离均衡状态下银行向农业经营主体提供的合约。

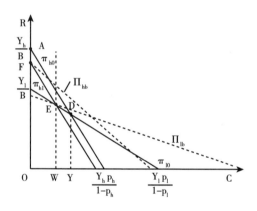

图 4 - 3　担保物不足时的市场均衡

基于图 4 - 3 分析可知，银行期望利润最大时，式（4.4）和式（4.10）为紧约束，即均衡时低风险偏好农业经营主体向银行提供价值为 W 的抵押物且他们的期望利润为零。与抵押物充足的情况相比，此时，高风险偏好农业经营主体的期望利润为正。求解 E 点和 F 点坐标得到分离均衡状态下银行为农业经营主体提供的贷款合约，分别为：

$$\gamma_l = \left(\frac{Y - (1 - p_l)W}{p_l B}, W \right) \text{和} \ \gamma_h = \left(\frac{p_h Y + (p_l - p_h)W}{p_l p_h B}, 0 \right) \qquad (4.11)$$

将它们代入式（3.1），得到银行最大的期望利润为：

$$\Pi_{b2} = \frac{\lambda p_1 + (1 - \lambda) p_h}{p_1} Y + \left[(1 - \lambda)(1 - \frac{p_h}{p_1}) - \lambda(1 - \beta)(1 - p_1) \right] W - B$$

$$(4.12)$$

由上述分析可知，$\Pi_{b1} > \Pi_{b2}$ 时，银行仅为高风险偏好农业经营主体提供贷款的期望利润更高，因此，银行提供的贷款合约只有 $\gamma_h = (Y_h/B, 0)$；$\Pi_{b1} < \Pi_{b2}$ 时，银行在分离均衡状态下的期望利润更高，它将向农业经营主体提供两种贷款合约，如式（4.11）所示。比较 Π_{b1} 和 Π_{b2} 发现，当式（4.13）的条件满足时，$\Pi_{b1} > \Pi_{b2}$，银行向农业经营主体提供贷款合约 $\gamma_h = (Y_h/B, 0)$；反之，提供如式（4.11）所示的贷款合约。分析式（4.13）成立的条件可得命题 2。

$$\left[(1 - \lambda)(1 - \frac{p_h}{p_1}) - \lambda(1 - \beta)(1 - p_1) \right] W <$$

$$(1 - \lambda) Y - \frac{\lambda p_1 + (1 - \lambda) p_h}{p_1} Y - \lambda B \qquad (4.13)$$

命题 2　在低风险偏好农业经营主体的抵押品不足的信贷市场环境中，若低风险偏好的农业经营主体比例和他们拥有的担保物价值较低时，银行提供唯一贷款合约 $\gamma = (Y_h/B, 0)$，高风险偏好农业经营主体选择该合约，低风险偏好的农业经营主体退出信贷市场，市场存在信贷配给；若低风险偏好的农业经营主体比例和他们拥有的担保物价值较高时，银行为农业经营主体提供两类贷款合约 $\gamma_l = (p_1^{-1} B^{-1} [Y - (1 - p_1) W], W)$ 和 $\gamma_h = (p_1^{-1} p_h^{-1} B^{-1} [p_h Y + (p_1 - p_h) W], 0)$，高风险偏好农业经营主体选择合约 γ_h，低风险偏好农业经营主体选择 γ_l。

除命题 2 中不同类型农业经营主体比例和抵押品价值影响银行决策外，银行对抵押品的评价系数也影响最终的均衡状态。银行对抵押品的评价系数较低，市场越可能存在信贷配给；反之，银行更愿意通过提供不同合约区分两类农业经营主体。此外，抵押品不足的信贷市场环境中，若存在信贷配给，那么银行提供的贷款合约使高风险偏好农业经营主体的期望利润为零；若市场处于分离均衡，那么银行提供的贷款合约使高风险偏好农业经营主体的期望利润为正，低风险偏好农业经营主体的利润为零。与此同时，低风险农业经营主体在抵押品充足的情况下，其融资成本为 Y/B，而抵押品不足的情况下，其融资成本更高，为 $[Y-(1-p_1)W]/p_1B$，可见，担保物不足提高了低风险偏好的农业经营主体的融资成本。综上所述，与担保物充足的情况相比，低风险农业经营主体抵押品缺失的农业信贷市场更容易出现信贷配给，导致低风险农业经营主体面临"融资难"、"融资贵"问题。

4.1.4 引入信贷担保后农业信贷市场均衡分析

根据上述分析，含垄断银行的农业信贷市场存在四种均衡：抵押品充足的分离均衡（银行提供的贷款合约位于 A 点和 D 点）；混合均衡（银行提供的贷款合约位于 G 点）；抵押品不足的分离均衡（银行提供的贷款合约位于 E 点和 F 点）；抵押品不足的信贷配给均衡（银行提供的贷款合约位于 A 点，偏好低风险的农业经营主体退出市场）。此外，对垄断银行而言，无论农业信贷市场是否存在担保机构，它总能通过为高风险偏好农业经营主体提供贷款获得收益，因此，垄断银行与担保机构合作的前提是，银行通过担保机构向低风险偏好农业经营主体提供贷款时的期望收益不小于零。

两类分离均衡中，偏好低风险项目的农业经营主体愿意提供抵押品换取银行的利息减让，银行提供的贷款合约具备甄别农业经营主体类型的作用。由于担保机构获取信息时的成本支出将通过担保费转移给农业经营主体或银行，因此，分离均衡的农业信贷市场无须担保机构介入。

混同均衡中，若引入具备信息优势的担保机构，高风险偏好农业经营主体的融资成本从 G 点提高至 A 点，垄断银行的期望利润增加，低风险偏好农业经营主体的融资成本不变。因此，在担保物充足的混同均衡中引入担保机构，并不能达到改善农业信贷市场整体福利的作用。而在抵押品不足的信贷配给均衡中，担保机构的引入能够在不提高高风险偏好农业经营主体的融资成本的前提下，增加银行的期望收益且使低风险偏好的农业经营主体进入农业信贷市场。由此可得命题 3。

命题 3 担保物充足或市场参数不满足式（4.13）时，引入担保机构无法改善农业信贷市场福利；担保物不足且市场参数满足式（4.13）时，引入担保机构有可能改善农业信贷市场福利。

在抵押品不足的农业信贷市场中，引入担保机构为农业经营主体提供融资担保服务，当农业经营主体投资的项目失败时，担保机构承担的风险分担比例（担保比例）为 $\theta \in (0, 1)$，即农业经营主体违约时，担保机构向银行赔付 θB。担保机构支付信息搜寻成本 S 后，可以准确了解农业经营主体的风险偏好类型，S 越大，担保机构甄别农业经营主体风险偏好的成本越高、信息优势越低。如果农业经营主体投资的项目失败，担保机构有能力使农业经营主体遭受违约成本，例如处置农业经营主体的抵押品，抑或使其声誉或信用受损等。将低风险偏好农业经营主体的声誉成本标准化为 K，高风险偏好农业经营主体的违约成本为 ϕK，其中，ϕ 表示该类农业经营主体对声誉成本的主观评价。

存在担保机构的农业信贷市场中，农业经营主体既可以选择直接从银行获得贷款，也可以选择通过担保机构从银行获得贷款。若选择后者，那么农业经营主体需要向担保机构支付担保费 fB，其中，f 为担保费率，$0 < f < \theta < 1$。

抵押品充足的农业信贷市场中，低风险偏好的农业经营主体愿意通过提供抵押物向银行传递显示自己风险类型的信号，但该机制在抵押品不足的市场环境中无法实现。担保机构的介入为低风险偏好农业经营主体提供了另一种选择，它们可以通过承担违约成本向银行传递自己风险类型的信息。因此，担保机构的引入有利于在抵押品不足的信贷市场中实现分离均衡，消除信贷配给，使偏好高风险项目的农业经营主体选择直接从银行获得贷款，而偏好低风险项目的农业经营主体选择通过担保机构从银行获得贷款。

4.2 政策性农业融资担保有效运行条件分析

结合 4.1 节的分析，担保机构有两种方式实现低风险偏好农业经营主体与高风险偏好农业经营主体的分离：一是通过支付信息成本确定农业经营主体风险类型，并拒绝向高风险偏好的农业经营主体提供担保。该方式下需要担保机构支付信息搜寻成本，而且获取等量信息所支付的成本要低于银行金融机构，即建立相对于银行金融机构的信息优势。二是制定合适的违约成本，即反抵押/反担保条件，迫使高风险偏好农业经营主体选择直接向银行申请贷款。该方式下无须担保机构支付信息搜寻成本，但需要确定合适的违约成本或反抵押/反担保条件，使高风险偏好农业经营主体没有动机模仿低风险偏好农业经营主体。此外，农业担保贷款的交易成本、农业担保机构的风险成本、政府的风险分担和风险补偿、农业信贷市场结构等因素也会影响政策性农业融资担保的有效运行。以下将结合上述方面依次分析其对政策性农业融资担保有效性的影响，进而导出其有效运行条件。

4.2.1 信息成本与政策性农业融资担保有效性

当低风险农业经营主体抵押品不足、农业信贷市场处于混同均衡状态时，担保机构可以通过支付信息搜寻成本 S 获取农业经营主体类型，从而为低风险偏好农业经营主体提供担保、拒绝为高风险偏好农业经营主体提供担保，实现农业信贷市场的分离均衡。此时，高风险偏好农业经营主体仍然按 $R_h = Y_h/B$ 和 $C_h = 0$ 从银行获得贷款，担保机构能否解决信贷配给问题取决于下述问题是否存在最优解。

$$\max_{f,\theta} fB - (1 - p_l)\theta B - S \qquad (4.14)$$

$$\text{s. t.} \quad p_1 R_1 B + (1 - p_1)\theta B - B \geqslant 0 \tag{4.15}$$

$$p_1 Y_1 - p_1 B R_1 - (1 - p_1)K - fB \geqslant 0 \tag{4.16}$$

$$fB - (1 - p_1)\theta B - S \geqslant 0 \tag{4.17}$$

由于担保机构通过支付信息成本 S 已获取了农业经营主体类型，因此，即使担保条款能增加高风险偏好农业经营主体的期望利润，担保机构也可以拒绝向高风险偏好农业经营主体提供担保。此时，式（4.15）和式（4.16）为紧约束，因此，市场均衡时 θ 和 f 分别为 θ =（1 - p_1 R_1）／（1 - p_1）和 f =［p_1 Y_1 - p_1 B R_1 -（1 - p_1）K］／B。将 θ 和 f 代入担保机构期望利润为 $\pi_g = Y -（1 - p_1）K - B - S$，进一步分析得到命题 4。

命题 4 存在信贷配给的市场中，若满足：

$$0 \leqslant K \leqslant \frac{Y - B - S}{1 - p_1} \text{和} \ p_1 R_1 < 1 \tag{4.18}$$

则担保机构可以通过支付信息搜寻成本 S 获取农业经营主体类型，从而为低风险偏好农业经营主体提供担保、拒绝为高风险偏好农业经营主体提供担保，实现分离均衡。而且此时，担保机构不需要考虑高风险偏好农业经营主体模仿低风险偏好农业经营主体的行为。但如若担保机构搜寻农业经营主体类型信息的成本增加，农业经营主体违约时需要支付的违约成本上限降低，而较高的违约成本会迫使低风险偏好农业经营主体或银行（取决于贷款利率）退出市场。由式（4.18）和 π_g（担保机构的期望利润）可知，担保机构搜寻农业经营主体信息的成本越高，他们的期望利润越低，农业信贷市场越难解决信贷配给问题［K 不满足式（4.18）］。所以说，在抵押品不足的农业信贷市场中，政策性担保机构搜寻农业经营主体信息的成本越低，农业经营主体的信贷可得性越高。基于以上分析可以得出，政策性农业融资担保有效运行条件的推论 1。

推论 1 担保机构信息成本的降低，有助于提高政策性农业融资担保的有效性。

4.2.2 反担保条件与政策性农业融资担保有效性

根据前述部分的分析可知，存在担保机构时，高风险偏好农业经营主体仍然按 $R_h = Y_h/B$ 和 $C_h = 0$ 从银行获得贷款，低风险偏好农业经营主体无须向银行或担保机构提供任何抵押物，即 $C_l = 0$。此时，均衡问题转化为低风险偏好农业经营主体贷款利率的求解问题。此时，银行愿意通过担保机构向低风险偏好农业经营主体提供贷款的前提是该行为不会降低银行的期望利润，即：

$$p_l R_l B + (1 - p_l)\theta B - B \geqslant 0 \qquad (4.19)$$

低风险偏好农业经营主体愿意通过担保机构向银行申请贷款的前提是它们的期望利润不小于零，即：

$$p_l Y_l - p_l B R_l - (1 - p_l)K - fB \geqslant 0 \qquad (4.20)$$

高风险偏好农业经营主体不愿意伪装成低风险偏好农业经营主体的条件为：

$$p_h Y_h - p_h B R_l - (1 - p_h)\phi K - fB \leqslant 0 \qquad (4.21)$$

此外，担保机构通过调整担保费率和担保比例，最大化期望利润，且市场需满足担保机构的存在条件：$\pi_g = fB - (1 - p_l)\theta B \geqslant 0$。

从担保机构的期望利润函数看出，提高担保费率、降低风险分担比率都有利于提高期望利润。分析条件式（4.19）~式（4.21）可知，担保机构期望利润最大时，式（4.19）和式（4.21）为紧约束，因此，市场处于均衡状态时 $\theta = (1 - p_l R_l)/(1 - p_l)$，$f = [p_l Y_l - p_l B R_l - (1 - p_l)K]/B$，整理后得到 θ 和 f 的关系为 $\theta B(1 - p_l) = B + fB - Y - (1 - p_l)K$。将 θ 和 f 代入担保机构的期望利润函数得到 $\pi_g = Y - (1 - p_l)K - B$，将 f 代入式（4.21）得到 $R_l \leqslant (1 - p_h)(\phi - 1)K/(p_l - p_h)B$。进一步分析可以得到命题5。

命题5 存在信贷配给的市场中，若满足：

$$\frac{(p_1 - p_h)B}{(1 - p_h)(\phi - 1)} \leq K \leq \frac{Y - B}{1 - p_1} \text{和 } p_1 R_1 < 1 \qquad (4.22)$$

此时引入担保机构可以将不同风险偏好的农业经营主体区分开来，低风险偏好的农业经营主体通过担保机构进行融资，高风险偏好农业经营主体直接向银行进行融资，信贷配给消失。

从命题 5 可以看出，农业经营主体的抵押品不足时，担保机构的介入为农业信贷市场提供了新的信息甄别机制，违约成本成为抵押品的良好替代。结合式（4.21）可知，担保机构需要将农业经营主体的违约成本控制在一定范围内才能区分不同类型的农业经营主体，若违约成本过高，则低风险偏好农业经营主体的期望利润为负，他们仍然退出市场，无法克服信贷配给问题；若违约成本过低，则高风险偏好农业经营主体选择担保机构申请贷款的期望收益更高，他们有动机模仿低风险偏好农业经营主体，担保机构无法将两类农业经营主体分开。

进一步分析发现，当 $R_1 > 0$ 且市场参数满足式（4.20）和式（4.21）时，高风险偏好农业经营主体不愿模仿低风险偏好农业经营主体，由此得出：

$$\phi \geq \max\left\{\frac{(p_1 - p_h)BR_1 + (1 - p_1)K}{(1 - p_h)K}, 1\right\} \qquad (4.23)$$

即高风险偏好农业经营主体对违约成本的主观评价至少不能低于 1。而现实农业信贷市场中，农业经营主体对违约成本的评价与它们的风险偏好之间不相关或负相关，因此，担保机构依靠违约成本区分农业经营主体类型具有较高的难度。据此，现实中担保机构通常要求农业经营主体提供一定价值的反担保品（与银行要求的抵押品类似），但这时担保介入对提升抵押品不足的农业经营主体信贷可得性的作用将十分有限。

而如果担保机构能够在抵押品不足的农业信贷市场中，增加农业经营主体违约时的声誉成本或者在担保物处置方面具有优势，那么担保机构要求农业经营主体提供的反担保门槛，将会在农业经营主体违约成本不变的条件下有所降低，从而在满足农业信贷市场分离均衡的目标要求下，降低对农业经营主体抵押品要求的门槛，进而帮助抵押品不足的农业经营主体获得信贷资金，而且政策性担保机构对反担保门槛越低，农业经营主体的信贷可得性越高。根据以上分析，得出有关政策性农业融资担保有效运行条件的推论2。

推论2 政策性担保机构在农业经营主体违约成本不变的情况下，降低反担保要求，将有助于提高政策性农业融资担保有效性。

4.2.3 交易成本与政策性农业融资担保有效性

由担保机构的期望利润 π_g 可以看出，其与农业经营主体的违约成本是负相关关系。因为在担保费率不变、低风险偏好农业经营主体和银行的期望利润为零时，增加农业经营主体的违约成本将迫使银行降低贷款利率（否则农业经营主体的期望利润为负，退出市场），进而提高银行对担保机构的担保比例要求（否则银行的期望利润为负，退出市场），最终提高担保机构的代偿支出，同时降低担保机构的利润。因此，若担保机构降低利润目标，甚至在期望利润为零的条件下为农业经营主体提供信用担保服务，就可以提高担保比例，或者设置更低的农业经营主体违约成本，从而提高低风险农业经营主体信贷可得性，而且政策性担保机构的利润目标越低，农业经营主体信贷可得性就越高。同理，担保机构与分散的农业经营主体之间的交易成本越高，担保机构的利润目标或维持零利润的要求就越高，则农业经营主体的信贷可得性就越低。因此，在一定的利润目标下，担保机构与农户之间交易成本的下降，可以在满足担保机构可持续目标的基础上提高农业经营主体的信贷可得性，即提高政策性农业融资担保的有效性。

基于以上分析，可以得到政策性农业融资担保有效运行条件的推论3。

推论3 政策性担保机构交易成本的降低有助于提高政策性农业融资担保的有效性。

4.2.4　风险成本与政策性农业融资担保有效性

政策性农业担保机构介入农业信贷市场后，通过承担农业经营主体违约风险，降低银行农业信贷风险成本，进而增加农业经营主体信贷可得性。上述过程中，农业经营主体违约风险是导致政策性农业担保机构代偿损失，即风险成本的直接来源，而农业经营主体违约风险不仅受到农业市场风险和自然风险的影响，信息不对称条件下还受到农业经营主体及银行金融机构道德风险的影响。在农业担保贷款发放后，如果政策性农业担保机构无法有效控制农业经营主体和银行金融机构的机会主义行为，会出现农业经营主体逃废银行债务和银行金融机构转嫁风险的情形，最终形成政策性担保机构的代偿损失，即风险成本。

由式（4.18）和担保机构的期望利润 $\pi_g = Y - (1 - p_1) K - B - S$ 可知，农业担保机构的风险成本 $(1 - p_i) K$ 越高，其期望利润越低，农业信贷市场越难解决信贷配给问题［K 不满足式（4.18）］。所以说，政策性担保机构风险成本越低，农业经营主体的信贷可得性越高。而政策性担保机构风险成本的上升则会对政策性农业融资担保的有效性造成负向影响。因此，如果政策性担保机构能够通过一定的机制设计，控制农业经营主体和银行金融机构的机会主义行为，降低自身风险成本，将有助于提高政策性农业融资担保的有效性。

基于以上分析可以得出，政策性农业融资担保有效运行条件的推论 4。

推论 4　政策性担保机构风险成本越低，政策性农业融资担保的有效性越强。

4.2.5　政府支持与政策性农业融资担保有效性

现实的农业信贷市场中，中央或地方政府通常会为政策性担保机构提供成本或风险补偿支持。例如，向政策性担保机构提供业务补助，设立风险补偿基金参与风险分担，抑或为政策性担保机构提供风险补偿等。结合前面的理论模型，上述行为将提高担保机构收入、降低其利润目标或者成本和风险，进而提高担保机构的担保比例、降低担保费率或银行贷款利率，使更多抵押品不足的农业经营主体进入农业信贷市场。此外，在不包含担保机构的信贷市场中，政府的支持政策作用于银行金融机构，相当于为高风险偏好的农业经营主体提供了支持。而在政策性担保介入，且担保机构获知农业经营主体风险类型的情况下，政府支持政策便可以提高低风险农业经营主体信贷可得性，相当于为更多低风险偏好的农业经营主体的融资提供了政策支持。综上所述，政府成本和风险补偿水平越高，农业经营主体信贷可得性就越高。由此得到关于政策性农业融资担保有效运行条件的推论5。

推论5　政府对担保机构成本和风险的补偿能够提高政策性农业融资担保的有效性。

4.2.6　银行竞争与政策性农业融资担保有效性

根据产业组织理论SCP分析框架，市场结构会影响企业市场行为，进而影响市场绩效（Bain，1951）。有关信贷市场结构，尤其是农村信贷市场结构的国内外研究表明，银行竞争不仅能够影响企业信贷可得性和信贷风险（Paravisini，2008；Agostino et al.，2012；李广子等，2016），而且还会影响借款人融资成本（张谊浩和陈柳钦，2004；尹志超等，2015）。因为在垄断的市场结构中，银行倾向于依靠谈判优势获取超额利润，其直接表现则是提高贷款利率。而在竞争的银行业市场结构中，随着银行竞争的增强，商业银行为了争取更多目标客户并获得竞争优势，将以较低的成本提供信贷（张烁珣和独旭，2019）。上述规律同样存在于农村信贷市场当中，农村金融机构之间的竞争有助于提高农业经营主体信贷可得性（董晓林和杨小丽，2011；周顺兴和林乐芬，2015），并避免贷款利率过度升高（马九杰和吴本健，

2012）。同理，在农业政策性担保业务框架内，与农业担保机构合作的银行越少，银行便可以利用谈判优势维持较高的担保贷款利率以获取超额利润。而在完全竞争的信贷环境中引入政策性担保机构后，银行不再有正的利润，贷款利率就会下降（马松等，2014），因为银行此时会通过降低担保贷款利率争夺客户，以提高市场份额和收入水平。因此，农业信贷市场中银行竞争水平的提高可能有助于提高政策性农业融资担保的有效性。

在上述研究基础上，将垄断银行扩展为期望利润为零的竞争性银行。可以证明，当银行通过提供贷款合约 γ_l 和 γ_h 能够将不同风险偏好的农业经营主体分离开时，银行在每一贷款合约上的期望利润均为零，即 $p_l R_l B + (1 - p_l)\beta C_l - B = 0$，$p_h R_h B + (1 - p_h)\beta C_h - B = 0$。此时，均衡状态的信贷市场仍然满足约束条件式（4.2）~式（4.5）。沿用存在垄断银行的信贷市场均衡分析方法可得，存在竞争的银行机构时，银行将向农业经营主体提供贷款合约：

$$\gamma_l = \left(\frac{1}{p_l}\Big[1 - \frac{\beta(1 - p_l)(p_l - p_h)}{p_l - \beta p_h - (1 - \beta)p_h p_l}\Big], \frac{(p_l - p_h)B}{p_l - \beta p_h - (1 - \beta)p_h p_l}\right)$$
$$\text{和 } \gamma_h = (1/p_h, 0) \tag{4.24}$$

偏好低风险项目的农业经营主体选择合约 γ_l，偏好高风险项目的农业经营主体选择合约 γ_h。与垄断的农业信贷市场相比，竞争性银行降低了所有农业经营主体的贷款成本。同时，通过抵押品区分农业经营主体类型时，银行对偏好低风险项目的农业经营主体要求的抵押品价值更低，从而降低了信贷配给发生的可能性。

命题 6　与垄断的农业信贷市场相比，竞争性市场中农业经营主体的贷款成本更低，银行为区分不同类型农业经营主体所要求的抵押品价值降低。

由命题 6 可知，竞争使较少抵押品即可实现分离两类农业经营主体的目的。因此，抵押品不足的信贷市场中，竞争性银行的引入提高了农业经营主体信贷的可得性，使抵押品不足的低风险偏好的农业经营主体更容易获得信贷支持。此时，若农业经营主体拥有的抵押品仍未达到银行贷款要求，担保机构就可以更容易地分离两类农业经营主体，提高低风险农业经营主体的信贷可得性。由此得到关于政策性农业融资担保有效运行条件的推论6。

推论6 农业信贷市场竞争水平的提高有助于提高政策性农业融资担保的有效性。

4.3 本章小结

本章对政策性农业融资担保有效运行机理和条件进行了理论分析。为此，本章首先构建了信息非对称条件下农业信贷市场的逆向选择模型，从无担保机构的农业信贷市场出发，分析抵押品对农业经营主体信贷可得性的影响；其次基于农业经营主体抵押品缺失的情况，分析引入政策性农业担保机构对农业经营主体信贷可得性的影响，进而阐明政策性农业融资担保的有效运行机理。进一步地，本章基于上述模型依次分析了信息成本、反担保要求、交易成本、风险成本、政府支持政策和银行竞争对农业经营主体信贷可得性的影响，从而得出政策性农业融资担保的有效运行条件。本部分的分析表明，担保机构的引入有利于在抵押品不足的信贷市场中实现分离均衡，消除信贷配给，使偏好高风险项目的农业经营主体选择直接从银行获得贷款，而偏好低风险项目的农业经营主体选择通过担保机构从银行获得贷款。政策性农业融资担保实现有效运行，一是政策性农业担保机构能够降低农业担保贷款的信息成本；二是政策性农业担保机构能够降低对农业经营主体的反担保要求；三是政策性农业担保机构能够降低政策性担保机构交易成本；四是政策性农业担保机构能够降低自身承担的风险成本；五是各级政府对农业担保机构进行成本和风险的补偿；六是提高农业信贷市场竞争水平。

第 5 章

政策性农业融资担保有效运行模式实证分析

在第 4 章政策性农业融资担保有效运行机理及条件分析部分，本书基于逆向选择模型搭建了政策性农业融资担保的有效性分析框架，从理论层面演绎分析了政策性农业融资担保实现有效运行，其运行模式需要具备的一系列条件。那么在现实中，我国农业政策性担保机构的不同运行模式是通过何种运行机制满足上述有效运行条件，进而实现有效运行的？对于该问题的回答，将为政策性农业融资担保有效运行机理及条件提供经验证据，进而为有效运行模式的构建提供理论依据。据此，本部分选取国内四家政策性农业担保机构的典型运行模式，为政策性农业融资担保有效运行机理及条件提供案例证据。

5.1 政策性农业融资担保的主要运行模式

政策性农业融资担保的运行模式是指政策性农业融资担保各参与主体行为的一般方式，包括政策性农业融资担保的运作目标，政策性担保机构、商业银行、农业生产经营主体等各类参与主体，从自身利益目标出发，按照一定的运行规则参与农业担保贷款活动，在实现自身利益目标最大化的前提下，以及界定各参与主体行为的运行规则（运行机制）及外部条件。

5.1.1 政策性农业融资担保运行模式概述

农业担保机构作为政策性农业融资担保运行模式的核心，一方面通过为农业经营主体提供信用担保服务，帮助其满足银行金融机构农业贷款发放的抵押担保要求；另一方面通过分担银行金融机构的成本和风险，引导银行金融机构扩大农业信贷投放，进而达到提高农业经营主体信贷可得性的政策目标。结合信用担保的一般业务流程及笔者实地调查结果，政策性农业担保的基本业务流程包括以下环节（见图5-1）：（1）推荐客户。客户推荐主体根据农担公司的客户及业务准入标准批量推荐客户。（2）调查审批。农业担保机构与银行联合或者分别开展客户调查，相互参考调查结论，各自独立作出审批决策。（3）担保合同签订。农业担保机构通知审批通过的客户缴纳担保费并预期签订担保合同和反担保合同。（4）出具担保函/放款通知书。农业担保机构为审批通过的客户出具担保函，进入银行审批流程；如果银行已经

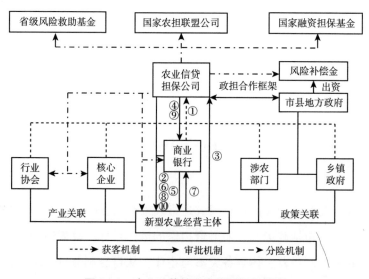

图5-1 农业政策性融资担保运行模式

作出放款决策，农业担保机构则向银行出具放款通知书。（5）贷款发放。银行向审批通过的客户发放贷款。（6）保后（贷后）管理。银行和农业担保机构开展保后（贷后）管理，及时向对方通报异常情况。（7）担保责任解除。贷款到期时客户按时还款，农业担保机构担保责任自然解除。（8）违约救助或催收。客户如因客观因素违约，农业担保机构与银行商定贷款展期等救助方案；例如因主观因素违约，则由银行先行催收。（9）贷款代偿。客户如因客观原因确实无法还款或银行在宽限期内催收失败，则由农业担保机构按照约定风险分担比例替客户偿还贷款。（10）代偿后追偿。农业担保机构向客户及连带责任人追偿，客户推荐主体协助农业担保机构追偿。

为实现政策性农业融资担保的有效运行，不同的政策性担保机构结合当地农业生产经营特点和自身优势，形成了不同的运行模式。结合我国政策性农业融资担保的实践，尤其是对 2015 年来我国新型政策性农业融资担保的调查研究，笔者根据客户来源渠道、客户调查方式、风险责任划分等方面的差异，提炼出政策性农业融资担保的三种主要运行模式（见表 5 - 1 和表 5 - 2），即政府合作模式、银行合作模式以及产业链合作模式三种主要类型。以下将分别从设计依据和合作要点方面介绍三种运行模式。

表 5 - 1　　　　　　农业政策性担保三类业务模式的基本特征

项目	政府合作模式	银行合作模式	产业链合作模式
客户群体	地方农业特色产业相关的新型农业经营主体	有效抵押品缺失或不足的银行新老客户	农业龙头企业上下游客户
荐客主体	地方政府及其涉农部门	银行及其分支机构	农业龙头企业、合作社、社会化服务组织等
业务流程	政府推荐—农担审批—银行审批	银行审批并推荐—农担审批（或银行推荐—银担共同调查、并行独立审批）	产业链核心企业推荐—担保机构审批—银行审批
风控特点	地方政府承担风险责任；客户未来财政补贴资金作为还款来源	银行承担一定比例的风险责任	客户推荐主体或其实际控制人承担客户还款的连带责任

表 5 - 2   **农业政策性担保业务模式设计要点**

项目	合作对象	设计依据	合作要点		代表省份
政府合作模式	市县地方政府	政府的信息优势；政府诉求：培育特色产业、农民增收、产业扶贫；提高财政资金支出效率	①提供人员和办公条件共建担保机构地方办事处，共同制定业务目标并纳入人员和机构考核；②根据农业担保机构客户准入标准推荐客户；③围绕财政支农资金运行规律设计担保贷款产品；④提供客户土地流转、财政补贴等准确信息；⑤设立风险补偿金交由农业担保机构管理，后者以补偿金规模的十倍为担保贷款上限为政府推荐的客户提供担保；客户违约后以补偿金代偿客户贷款，协助开展客户救助或催收，追偿完毕后按约定比例承担最终损失；⑥运用地方农业产业发展资金为客户贴息		湖南安徽四川山东河南湖北
银行合作模式	商业银行及其分支机构	银行具有资金、网点和专业优势；银行诉求：服务实体经济、支持"三农"和小微客户、控制业务风险、扩大业务规模和收益	直接担保	①共同制定业务目标并纳入考核；②互推客户，为农业担保机构客户发放贷款；③合作开发担保贷款产品、优化审批流程；④共同开展客户调查和审批、贷（保）后管理和违约追偿；⑤银行承担 10% ~ 50% 的客户违约风险；⑥明确农业担保机构的免责条款	浙江广东
			集合担保	在一定代偿率范围内和免责条款基础上，为银行发放的符合农业担保机构要求的贷款提供担保	四川江西
产业链合作模式	核心企业、合作社、行业协会等产业组织	产业组织诉求：巩固关键客户扩大业务规模	①根据农业担保机构客户准入标准推荐客户；②提供购销合同或服务合同等真实交易记录；③协助设置资金闭环和开展违约催收；④承担一定比例的风险责任或连带责任		黑龙江内蒙古浙江湖南

5.1.2　政府合作模式

5.1.2.1　设计依据

政府合作模式是农业政策性担保机构以各级地方政府作为合作对象，设计政策性担保业务流程并建立相应的运行机制，也是农业政策性担保机构中最为普遍的一种业务运行模式。调查研究发现，政策性农业担保贷款规模较大的湖南省、安徽省、四川省、山东省、河南省、湖北省等省份的担保机构，均以该模式作为主力业务模式。该模式的设计依据包括三个方面：一是地方政府农业农村、财政等部门在推动农业产业发展、支农政策实施等工作中，积累了大量有关农业生产经营主体相对准确的信息，对于政策性农业担保机构批量、快速地触达客户，进而开展客户调查和甄别具有重要作用。二是地方政府在培育和壮大地方农业特色产业、促进农民脱贫和增收方面的利益诉求。政策性农业融资担保的介入可以有效缓解地方新型农业经营主体的信贷约束，助力地方农业特色产业发展和农民增收。三是地方政府提高财政资金支出效率的需求。借助担保政策工具和平台，地方政府可以将有限的支农财政资金以担保贷款贴息、风险补偿基金等形式支持农业产业发展，吸引更多银行信贷资金投入农业，相较于补贴方式具有更高的杠杆作用和支出效率。

5.1.2.2　运行机制

基于上述设计依据，政策性担保机构与地方政府的合作要点主要包括共同建设担保机构分支机构、地方政府批量推荐农业客户并提供客户经营信息、合作设计担保贷款产品、地方政府参与风险分担以及为农业客户提供财政资金支持等。其具体运行机制包括以下环节：（1）共建机构。县级地方政府从农业农村、财政等政府部门抽调专门人员，提供办公场所及办公经费，为农业担保机构分支机构建设提供支持。农业担保机构负责分支机构的运营管理。在此基础上，部分省份的农业担保机构与地方政府开展了更为紧密的合作。（2）客户推荐/营销获客。地方政府或涉农政府部门协助农业担保机构开展业务推介活动，批量接收客户担保贷款业务申请。或者结合自身主管的业务领域，根据担保机构的客户准入条件筛选农业经营主体，批量推荐给担保机构。（3）设计开发担保贷款产品。农业担保机构围绕涉农财政补贴业务链条及其资金运行规律，设计开发财政补贴类担保贷款产品，地方政府则配合担保机构设计资金闭环和风控机制。（4）客户调查。地方政府协助担保机构进行客户调查，涉农部门将涉农政策实施过程中掌握的农业经营主体信息，例如生产经营规模、土地流转、政府补贴类型和额度等信息分享给担保机构，并且在担保机构客户办理资产抵押等方面提供便利。担保机构和银行为农业经营主体分别作出担保及放贷决策后，地方政府及其涉农政府部门持续为担保机构提供农业经营主体生产经营信息，帮助担保机构进行保后追踪调查。（5）风险分担和风险补偿。地方政府协助担保机构开展违约客户贷款追索和抵押品处置工作，出资设立风险补偿基金，按照约定比例承担代偿损失。

5.1.3　银行合作模式

5.1.3.1　设计依据

银行合作模式是指农业政策性担保机构以各类银行金融机构为合作对象，设计政策性担保业务流程并建立相应的运行机制，是政策性担保机构中仅次于政府合作模式的主力业务模式。该业务模式具体包括直接担保和集合担保两种类型[①]，其中，浙江省和广东省的政策性农业担保机构采用了直接

---

　　①　直接担保模式是指政策性担保机构与银行金融机构针对担保贷款需求，逐笔或批量办理担保贷款业务的模式，双方在客户准入标准、产品设计开发、客户调查及追踪、审批流程优化、风险处置等方面进行深度合作。集合担保模式是指银行金融机构按照政策性担保机构提出的客户准入标准，将存量贷款或增量贷款打包后，由政策性担保机构提供信用担保服务，担保机构在约定的代偿率上限范围内代偿，超出代偿率上限的贷款损失由银行金融机构承担。

担保模式，也是银行合作模式的典型代表。四川省和江西省的政策性农业担保机构在展业初期采用了集合担保模式。但由于该模式实践当中并不具有典型性，且面临较大争议①，因此，本书主要聚焦银行合作模式中的直接担保模式。该模式的设计依据在于：一是银行金融机构在客户信用评价、信贷业务管理等方面具有专业优势，此外，大型金融机构负债成本低、信贷资金充裕，而中小金融机构长期深耕县域和农村金融市场，分支机构网络发达、人员充足，掌握大量农业经营主体客户资源和经营信息，其日常经营过程中接触大量农业客户，其中不乏因抵押担保条件不足而难以获得贷款的客户。二是银行金融机构在强调金融服务实体经济背景和监管部门"支农、支小"的考核压力下，亟待提升小微贷款业务规模和占比。通过与担保机构的合作巩固或扩大市场份额，提高业务收入和利润，同时降低经营风险。

5.1.3.2　运行机制

担保机构与银行金融机构的合作是政策性农业担保业务开展的基础，因为农业担保机构政策性目标的达成离不开银行金融机构信贷资金的支持。结合我国当前政策性农业融资担保业务运行现状，本书根据担保机构与银行金融机构合作的紧密程度，将其划分为三个层次（见表 5 - 3）。但是，本书研究的政策性农业融资担保银行合作模式，是指担保机构与银行金融机构在客户准入标准、产品设计开发、客户调查及追踪、审批流程优化、风险处置等方面进行深度合作，形成"收益共享、风险共担"的利益联结机制下的运行模式。

---

① 调查研究发现，该业务模式源于政策性担保机构出于应对主管部门考核压力的动机，在展业初期通过为银行金融机构存量农业贷款资产组合提供信用担保和代偿服务的方式，迅速做大担保贷款业务规模。该模式的争议之处在于，其仅是将银行存量农业贷款转化为担保贷款，对提高农业经营主体信贷可得性的增量贡献不足。因此，该模式无法充分体现政策性农业担保机构在提高农业经营主体信贷可得性方面的专业优势和增量贡献，与中国农业政策性融资担保体系建设的初衷不一致。所以该运行模式并未成为国内政策性农业担保机构的主流业务模式。

表 5 – 3　　　　　　　　政策性担保机构与银行金融机构的合作层次

紧密程度	合作内容	代表省份
①松散	向农业担保机构担保的客户发放贷款	重庆
②相对紧密	① + 与农业担保机构相互批量推荐客户，承担 10% ~ 50% 的客户违约风险	黑龙江
③紧密	① + ② + 共同设定任务目标并纳入各自考核体系、合作开发担保贷款产品和优化审批流程、联合开展客户调查、贷（保）后管理和追偿等活动	四川、湖南、浙江

　　银行合作模式下政策性农业担保贷款业务运行机制包括：（1）签订合作协议。农业担保机构与金融机构总部或省级分行签订战略合作协议，双方围绕授信额度、产品及业务模式、风险分担比例等确定基本合作原则，同时向各自的分支机构下达任务目标并纳入考核。（2）客户推荐。银行金融机构向担保机构推荐农业信贷领域抵押担保条件不足的农业客户。（3）客户调查。担保机构与银行金融机构从各自的关注重点出发，先后或者共同开展客户调查，甄别出低风险农业生产经营主体。（4）产品开发。银行金融机构基于自身信贷产品，结合农业生产经营特点及资金运行规律，与担保机构共同开发符合农业资金需求特点的担保贷款产品。（5）业务审批。银行金融机构和政策性担保机构在担保贷款一般化审批流程基础上，优化双方审批流程，压缩担保贷款业务审批周期。例如，银行金融机构在签订贷款合同的同时，代理担保机构与客户签订担保业务合同；银行金融机构与担保机构共享信贷和担保业务审批资料等。（6）贷（保）后管理和风险分担。银行金融机构与担保机构分工或者联合开展贷（保）后客户追踪调查，共享客户追踪调查信息。与此同时，银行金融机构与担保机构按照约定比例共同承担信贷风险。

5.1.4　产业链合作模式

5.1.4.1　设计依据

　　产业链合作模式以农业政策性担保机构以各类农业产业链中的核心企业

为合作对象，设计政策性担保业务流程并建立相应的运行机制。该模式是农业政策性担保机构继政府合作模式和银行合作模式之后，在实践中探索得出并普遍应用的第三种主力业务模式。调查研究发现，农业产业链发达的黑龙江省、内蒙古自治区、浙江省、湖南省等的农业担保机构是运用该运行模式的典型代表。该运行模式的设计依据有两个方面，一是农业产业链核心企业经营过程中能够接触大量上游、下游客户，同时基于业务关系掌握着大量农业客户真实经营信息；二是供应链核心企业出于壮大产业链、提高自身收益的目的，希望帮助上游、下游客户通过产业链外部融资获得银行贷款支持。担保机构的介入可以打通农业产业链外部融资渠道，通过缓解核心企业上游、下游客户的信贷约束，帮助核心企业巩固和壮大产业链，提升其产业链竞争力。

5.1.4.2　运行机制

基于上述设计依据，政策性担保机构与农业产业链核心企业的合作要点主要包括农业产业链核心企业向农业担保机构批量推荐客户、提供能够反映客户真实生产经营情况的信息、协助农业担保机构设计资金闭环和风控措施、参与风险分担等。其具体运行机制包括以下环节：（1）客户推荐。农业产业链核心企业根据自身与上游、下游客户的既往交易记录，筛选业务经营稳定，存在资金需求缺口且抵押担保条件不足的农业经营主体。（2）客户调查。农业产业链核心企业向农业担保机构提供能够反映客户真实生产经营情况的信息，帮助农业担保机构甄别和筛选其中具有真实交易背景的低风险客户。（3）风险控制与风险分担。农业产业链核心企业帮助农业担保机构设计资金闭环，降低农业经营主体挪用信贷资金等机会主义行为。同时，农业产业链核心企业为自己推荐的担保贷款客户的履约行为承担连带责任，或者按照一定比例承担客户违约后的代偿损失。

5.2 政策性农业融资担保典型案例介绍

在概括总结我国新型政策性农业融资担保的运行模式特点后，本部分将结合典型省份政策性农业融资担保的政策实践案例，分析它们在各自的运行模式下，通过何种方式以及如何在自身可持续的条件下提高新型农业经营主体信贷可得性，进而实现有效运行。

5.2.1 案例选取标准

本部分选取湖南、四川、浙江和黑龙江四个省份作为典型案例，分析政策性农业融资担保运行模式的有效性，其中，湖南农担和四川农担是政府合作模式的典型代表，浙江农担是银行合作模式的典型代表，黑龙江农担是产业链模式的典型代表①。案例选择主要考虑三个标准：一是四个省份的政策性农业融资担保体系均在我国新型政策性农业担保制度框架下建设运行，其担保机构在目标定位、客户群体、业务范围等方面具有共性特征②；二是四个省份的政策性农业融资担保机构结合各省份农业产业特点及自身优势探索各具特色的业务模式，较早建立了成熟的运行模式，在国内农业政策性农业担保机构当中具有代表性；三是上述四个省份政策性农业担保机构主要业务指标在国内同类担保机构中处于领先地位，兼顾了政策性目标和持续性目标，率先实现了有效运行。本书案例分析所需资料主要来源于四个渠道：一是实地调查，笔者于 2018 年 7 月至 2019 年 4 月依次调研了湖南、四川、浙江、黑龙江四家省级农业担保机构；二是各省农业担保机构绩效评估报告，

---

① 国内农业政策性担保机构大多并行采用两种以上业务模式，本部分主要选取各家机构的主力业务模式开展案例分析。

② 参见第 2 章有关我国新型政策性农业融资担保制度框架及建设运行情况的内容。

笔者于 2019 年 4 月参加了国家农担联盟公司开展的"全国农业信贷担保体系绩效评估"工作,其间获得了上述省份有关业务模式、运行机制和运行绩效的详细资料;三是各省农业担保机构的官方微信公众号的公开资料,包括各省级农业担保机构业务模式和运行机制创新的部分资料及其最新业务数据;四是国家农担联盟统计的全国政策性农业担保机构业务报表数据。

5.2.2　四省份政策性农业担保机构简介

结合笔者实地调查获得的数据以及来自国家农担联盟的最新数据,四家农业政策性担保机构基本信息概括如表 5 - 4 所示。

表 5 - 4　　　　　　　　　四省份政策性农业融资担保机构简况

项目	湖南农担	四川农担	浙江农担	黑龙江农担
成立/改组时间	2017 年 5 月	2015 年 12 月	2016 年 9 月	2015 年 12 月
实地调查时间	2018 年 7 月	2019 年 3 月	2019 年 3 月	2018 年 10 月
注册资本金规模（亿元）	21. 02	25. 66	13	63. 2
主力业务模式	政府合作	政府合作	银行合作	产业链

注:注册资本金规模数据截至 2021 年 9 月。

湖南省农业信贷融资担保有限公司(以下简称"湖南农担")是湖南省政策性农业融资担保体系业务运作的核心,其前身是 2009 年 3 月成立的湖南省农业信用担保有限公司,属于湖南省财政厅控股的全资国有金融机构,初始资本金 13. 02 亿元。根据我国政策性农业担保体系建设要求及业务开展要求,该公司于 2017 年 5 月改组为专注农业的政策性担保机构。截至调查时止,湖南农担共设立 10 家分公司和 102 个县级办事处①。四川省农业信贷担保有限公司(以下简称"四川农担")作为四川省政策性农业融资担保体

①　分公司是独立的业务单元,有专职员工参与经营管理,而办事处挂牌地点一般在当地政府财政部门、农业部门、县级农担公司等机构,由当地政府委派相关人员兼职参与经营管理,下同。

系业务运作的核心，成立于2015年12月，注册资本金10亿元，由四川省财政厅全额出资组建。截至调查时止，四川农担共有职工97人，其中，专职人员37人，已设立5家分公司，挂牌96家办事处，实现了市（州）、产粮大县的全覆盖。浙江省农业融资担保有限公司（以下简称"浙江农担"）成立于2016年9月，由浙江省财政厅出资组建并履行出资人职责，其初始注册资本4亿元。截至调查为止，浙江农担拥有员工16人，依托浙江省农合联等部门①，在市、县级建立了46个基层分支机构，其中，办事处4个，代办点42个。黑龙江省农业信贷担保有限责任公司（以下简称"省公司"）成立于2015年12月，由黑龙江省财政厅、黑龙江省鑫正担保集团公司共同出资设立，初始注册资本金65.8亿元。截至2018年9月底，黑龙江农担组建各类分支机构58家，包括5家市级分公司，20家县级分公司和33家县级办事处，组织体系覆盖全省粮食总产量80%的地区。

5.2.3 四省份政策性农业担保机构业务运行现状

四家省级农业担保机构业务运行现状如图5-2~图5-5所示。从政策性农业担保贷款规模来看，四川农担和黑龙江农担规模相对较大且增幅明显，这一方面与两家机构相对较大的注册资本金规模有关；另一方面也在一定程度上表明其运行模式的有效性。结合放大倍数来看，四家农业担保机构放大倍数均呈现逐年增长态势，而四川农担和浙江农担放大倍数相对更高。其中，四川农担相对于黑龙江农担来说，以不到一半的资本金实现了两倍于黑龙江农担的放大倍数。而浙江农担虽然担保贷款余额最小，但以最低的注册资本金规模实现了相对较高的放大倍数。从户均担保贷款规模来看，四家农业担保机构差异明显。其中，浙江农担和黑龙江农担业务下沉最为充分，

---

① 全称为浙江省农民合作经济组织联合会，是由农民合作经济组织和各类为农服务组织（企业）等共同组成的具有生产、供销、信用等服务功能的联合组织。参见：浙江省农民合作经济组织联合会概况，http://www.zjnonghe.com/nhw/nhlgk/jj/index.html。

而且黑龙江农担近年来户均担保贷款规模呈现总体下降趋势，对小农户的支持更加充分。另外，从年末代偿率来看，四家农业担保机构代偿率近年来总体处于较低水平，但呈现缓慢上升趋势，这一方面表明各家农业担保机构运行模式趋于成熟，能够有效控制农业信贷风险；另一方面表明各家农业担保机构倾向于提高自身代偿损失，以进一步提高农业经营主体的信贷可得性，并通过风险补偿机制弥补自身代偿损失。此外，湖南农担和四川农担分别于 2017 年和 2018 年经历了代偿率急速下降阶段，可能与以往不成熟的商业模式或改组之前的历史遗留业务所致。以上分析表明，各家担保机构在自身可持续条件下实现了扩大农业信贷市场准入、提高农业经营主体信贷可得性的政策目标，初步实现了政策性目标和持续性目标的统一。而四省份政策性农业融资担保体系的有效运行与其搭建的运作模式及运行机制密不可分，以下将在概括四省份政策性农业融资担保体系运作模式的基础上，分析其主要通过何种运行机制满足有效运行条件并实现有效运行的。

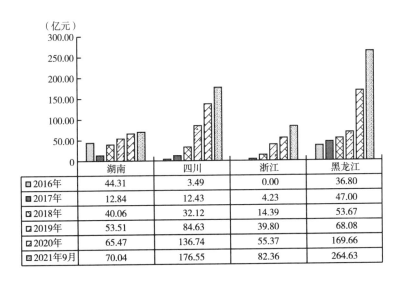

（亿元）

	湖南	四川	浙江	黑龙江
2016年	44.31	3.49	0.00	36.80
2017年	12.84	12.43	4.23	47.00
2018年	40.06	32.12	14.39	53.67
2019年	53.51	84.63	39.80	68.08
2020年	65.47	136.74	55.37	169.66
2021年9月	70.04	176.55	82.36	264.63

图 5－2　四省份政策性农业担保机构期末担保贷款余额

资料来源：笔者根据国家农担联盟数据整理。

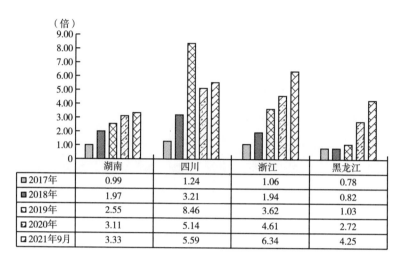

（倍）

	湖南	四川	浙江	黑龙江
□2017年	0.99	1.24	1.06	0.78
■2018年	1.97	3.21	1.94	0.82
□2019年	2.55	8.46	3.62	1.03
▨2020年	3.11	5.14	4.61	2.72
▥2021年9月	3.33	5.59	6.34	4.25

图 5 - 3 四省份政策性农业担保机构放大倍数

（担保贷款在保余额/注册资本金）

资料来源：笔者根据国家农担联盟数据整理。

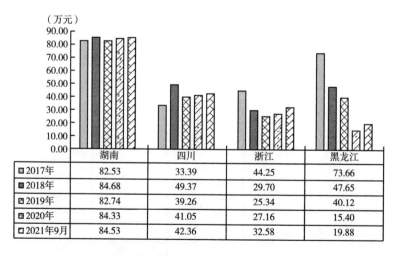

（万元）

	湖南	四川	浙江	黑龙江
□2017年	82.53	33.39	44.25	73.66
■2018年	84.68	49.37	29.70	47.65
□2019年	82.74	39.26	25.34	40.12
▨2020年	84.33	41.05	27.16	15.40
▥2021年9月	84.53	42.36	32.58	19.88

图 5 - 4 四省份政策性农业担保机构户均担保贷款规模

资料来源：笔者根据国家农担联盟数据整理。

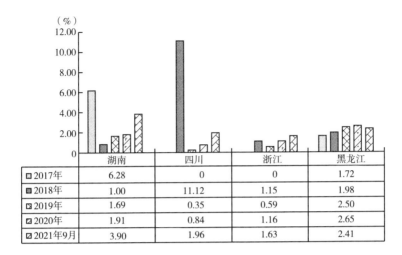

	湖南	四川	浙江	黑龙江
□2017年	6.28	0	0	1.72
■2018年	1.00	11.12	1.15	1.98
□2019年	1.69	0.35	0.59	2.50
□2020年	1.91	0.84	1.16	2.65
□2021年9月	3.90	1.96	1.63	2.41

图 5 - 5　四省份政策性农业担保机构年末代偿率

注：2020 年及以后的代偿率为追偿后的代偿率，四川农担和浙江农担 2017 年代偿率数据缺失。

资料来源：笔者根据国家农担联盟数据整理。

5.3　政策性农业融资担保有效运行模式分析

5.3.1　依托业务合作对象降低农业贷款信息成本

　　农业信贷市场存在的严重的信息不对称是银行金融机构农业信贷投放面临的首要障碍。信息非对称条件下，银行金融机构无法获知农业经营主体真实经营信息，在贷款发放前，难以将高风险农户和低风险进行有效的区分，进而对两类农户制定差异化的定价策略，即面临逆向选择难题；在贷款发放后，银行金融机构无法有效控制农业经营主体的机会主义行为，面临道德风险问题。因此，银行金融机构只能利用抵押担保条件对农业经营主体实施信贷配给，以降低信息不对称带来的逆向选择和道德风险问题，而新型农业经营主体则因为缺乏有效抵押品而面临信贷约束。政策性担保机构介入农业信贷关系后，同样面临与农业经营主体之间的信息不对称。根据 4.2 节的推论 1，如果政策性担保机构能够降低农业信贷市场上的信息成本，就可以提高农业经营主体信贷可得性。

四省份政策性农业担保案例中，各家政策性担保机构主要依托业务合作伙伴降低农业融资过程中的信息成本。在政府合作模式中，湖南农担和四川农担针对省内主要农业产业和主要农产品产区，与省内地市或县级地方政府开展业务合作，由地方涉农政府部门推荐有信贷需求的农业经营主体，同时提供其土地流转规模、财政奖补数额等准确的生产经营信息。地方政府农业部门在日常管理工作中能够接触大量农业经营主体，积累了后者生产经营的关键信息，因此，该模式得以借助地方政府及其农业部门的组织优势和信息优势，由地方政府农业部门将符合担保机构准入条件的客户，以及反映客户真实经营状况的信息提供给担保机构，降低了担保机构的信息成本。银行合作模式中，浙江农担与农业银行和邮政储蓄银行两家涉农金融机构，分别确定担保贷款重点支持的农业产业类型及目标客群，由银行金融机构挖掘有信贷需求的农业经营主体并开展客户信用状况调查，将符合银行贷款发放条件但缺乏有效抵押品的客户推荐给浙江农担。该模式充分利用了银行金融机构既有农业客户资源和客户信息，以及银行金融机构在客户信用评价方面的技术优势，由银行金融机构将经过信用状况评估但抵押担保条件不足的农业客户推送给担保机构，达到降低担保机构信息成本的目的。产业链合作模式中，黑龙江农担依托省内发达的农业产业链，与产业链上的农业企业、专业合作社、农业社会化服务商（如大型农资店、农机销售商、农机合作社等）达成合作协议，推荐与其合作关系紧密、生产经营状况稳定且有信贷需求的农业经营主体，并提供反映后者信用状况及生产经营状况的准确交易信息。由于农业产业链蕴含着大量农业经营主体真实生产经营信息，该运行模式通过产业链核心企业等节点获取农业经营主体客户及其关键信息，同样可以到达节约信息成本的目的。此外，四家农业担保机构在担保贷款发放后，继续依托业务合作对象获取农业经营主体最新的生产经营信息。综上所述，四省份农业担保机构通过将担保业务链条嵌入农业政策链条、农业信贷链条和农业产业链条，可以在自身分支机构和人员不足的条件下快速、准确地获取担保业务决策和保后管理所需的客户信息，达到降低自身信息成本、提高农业经营主体信贷可得性的目的。

利用不同合作业务模式获取的低成本信息，政策性担保机构能够有效甄别出低风险农业经营主体，精准测算出资金需求规模，进而降低农业信贷交易的成本和风险，实现政策性农业融资担保的有效运行。现实案例中，各家农业担保机构均注重与信息来源主体（即业务合作伙伴）合作，对农业经营主体交易背景真实性、经营状况稳定性及其信用状况的考察，即"看人、看事、重视第一还款来源"（见表 5 - 5）。政府合作模式下，湖南农担和四川农担由地方政府完成对客户真实生产经营状况和信用状况的第一次审查，将审查通过的客户推荐给农业担保机构。此后，湖南农担根据银行或双方的信用评价结果作出担保决策①。四川农担开发了符合农业经营主体生产经营特点的信用评分模型，涉及客户从业经验、生产经营内容和规模、既往借贷记录及家庭收入和资产状况等方面的信用信息。四川农担委托银行金融机构获取完整的客户调查资料后，根据该评分模型作出担保决策②。采用银行合作模式的浙江农担则主要由银行按照自身审核标准开展客户调查和信用状况评价。对于银行审核通过并推荐的贷款客户，浙江农担将客户"三有一无"（有规模、有经验、有效益、无不良）作为评价重点，并利用自身信用评价模型和浙江省政府大数据辅助作出担保决策③。黑龙江农担的产业链合作模式下，各类产业链核心企业负责对客户生产经营规模及基本信用状况进行审核，黑龙江农担则根据其生产经营规模和现金流状况核定担保贷款额度，在

---

① 湖南农担对申贷规模在 100 万元以下的客户实施"见贷即保"，自己仅按一定比例对银行评价结果进行抽检复核；对申贷规模超过 100 万元的客户，则与银行金融机构分别开展独立调查和评估，分别作出贷款（担保）决策，只有同时通过双方审查的客户方可获得担保贷款。

② 四川农担为笔者展示了评分模型的指标体系及赋分标准，但出于保密考虑，未允许笔者留存其评分模型副本。此外，银行调查获得的客户资料，通过网络提交给四川农担审批中心，由后者进行客户信用状况评价。

③ 浙江农担认为，担保贷款业务的主要风险是由少数高风险客户带来的，因此，对于银行审核通过的客户，浙江农担重点利用政府农业大数据进行"排黑"操作。在排除掉大约 11% 的高风险客户后，为剩余的"白名单"客户提供担保服务并由银行为其发放担保贷款。

客户满足一定反担保条件后，再将其推荐给银行金融机构审核并作出信贷决策。综上所述，不同业务模式下的政策性农业担保机构通过搭建合作业务模式，获得了低成本的信息来源渠道，借助业务合作伙伴、专门的农业信贷信用评价模型和运行机制，可以达到降低农业信贷交易成本和风险，实现政策性农业融资担保有效运行的目的。

表 5-5　　　　　　　　四省份政策性农业融资担保机构客户评价方式

业务模式	典型代表	审核主体及重点		
		第一次审核 （合作伙伴）	第二次审核	第三次审核
政府合作模式	湖南农担	乡镇政府 政府涉农部门	银行金融机构	担保机构
政府合作模式	四川农担	乡镇政府 政府涉农部门	担保机构	——
银行合作模式	浙江农担	银行金融机构	担保机构	——
产业链合作模式	黑龙江农担	产业链节点上的 核心企业或合作经济组织	担保机构	银行

5.3.2　采用灵活的反担保措施以降低反担保要求

在信息非对称的农业信贷市场，抵押担保是银行降低信息成本和风险的有效手段，在农业信贷交易发生之前可以降低逆向选择风险，在农业信贷交易发生之后可以降低客户道德风险。而缺乏银行认可的、易于变现的抵押品就成为制约农业经营主体融资的关键障碍。农业经营主体可供抵押的资产主要包括房产（以农村房产为主）、土地承包经营权、各类农机具、种养殖大棚或厂房设备等，这些资产具有价值低、专用性强、流转成本高、变现价值低等特点。如果作为抵押品使用，难以获得银行金融机构的认可，即便获得认可，其抵押率也非常低。政策性担保机构介入农业信贷关系后，同样面临上述难题。但是根据 4.2 节的推论 2，政策性担保机构如果能够在农业经营主体违约成本不变的情况下，降低对反担保品的价值要求，将有助于提高农业经营主体的信贷可得性，提高政策性农业融资担保的有效性。

四省份政策性农业担保案例中，各家政策性担保机构结合自身业务模式以及农业生产经营特点，设计出一系列有别于银行金融机构抵押担保要求的反担保措施及反担保组合，将客户声誉、合同受益权、生物资产、农业补贴受益权等纳入反担保组合中（见表5－6）。在政府合作模式中，湖南农担和四川农担将农户未来获得的财政奖补资金作为反担保措施，将失信农户信息通报给政府涉农部门，违约用户将无法获得后续财政奖补资金，或者在未来失去享受财政奖补政策支持的资格。对于由村居或乡镇推荐的农业经营主体，在村居、乡镇范围内公示其失信行为。在银行合作模式中，浙江农担允许农业经营主体使用茶园证、机器设备、冷库、苗圃等非标资产作为反担保品，或者由农业经营主体子女、直系亲属、利益相关方、农业企业的实际控制人或主要股东为其承担连带还款责任。产业链合作模式中，黑龙江农担要求农业经营主体所在产业链上游、下游的客户推荐主体其承担连带责任，失信农业经营主体将失去产业链条上的合作机会或预期收入。

表5－6　　　　　四省份政策性农业融资担保机构反担保措施

业务模式	典型代表	反担保资产（方式)/惩戒措施
政府合作模式	湖南农担	财政奖补资金 由地方政府在违约客户所在村居公示其违约行为
政府合作模式	四川农担	财政奖补资金 由地方政府在违约客户所在村居公示其违约行为
银行合作模式	浙江农担	客户生产经营领域的非标资产，例如茶园证等； 直系亲属、子女或利益相关方连带责任
产业链合作模式	黑龙江农担	客户生产经营领域的非标资产，例如作物品种权等； 直系亲属、子女或产业链上下游利益相关方连带责任

综上所述，与银行要求的高价值、高变现率资产抵押品不同的是，政策性农业担保机构主要通过放大客户违约的声誉损失或预期收益，降低客户违

约成本中资产反担保品的价值占比。这些措施充分借助了农业政策链条、农业信贷链条和农业产业链条中的交易关系和利益联结，能够在不降低对客户违约成本的条件下，降低对农业经营主体资产抵押品的要求，或者极大地降低了客户抵押资产确权、变现等环节包括费用支出、时间损耗等在内的一系列交易成本，使缺乏资产抵押品或资产抵押品不足的农业经营主体进入农业信贷市场，提高其信贷可得性。

5.3.3 利用批量化便捷化交易模式降低交易成本

农业经营主体经营规模小、分布分散，银行金融机构发放农业贷款面临高昂的交易成本。为维持自身收入和利润，银行金融机构不得不提高农业贷款利率，或者退出农业信贷市场。政策性担保机构介入农业信贷关系后，同样面临上述情况，而且担保机构还分别与银行及农业经营主体形成交易关系，导致农业信贷交易关系更加复杂，交易成本上升。因此，交易成本是影响银行金融机构农业信贷积极性和政策性农业融资担保有效性的重要因素。政策性担保机构只有比银行金融机构更好地控制农业信贷交易成本（即政策性担保机构在可持续经营基础上充分降低利润），才能够提高农业经营主体信贷可得性，实现政策性农业融资担保的有效运行，如 4.2 节的推论 3 所示。现实案例中，四家政策性担保机构通过标准化农业担保贷款产品，进而搭建批量化和便捷化的业务办理模式，成功降低了农业担保贷款的交易成本，实现了政策性农业融资担保的有效运行。

首先，政策性农业担保机构的担保贷款产品实现了目标客户群体、客户准入条件、贷款额度、贷款期限、还款方式、反担保要求等要素的标准化（见表5－7）。相较于金融机构传统农业信贷产品，具有产品类型丰富、准入门槛低、贷款额度大、贷款期限和抵押担保方式灵活等优势（见表5－8）。标准化的产品便于担保机构基层员工和各类合作伙伴照章操作，业务合作伙伴也可以根据标准化的产品要素迅速完成客户准入的识别过程，并帮助客户备齐各项业务资料或提供相应的客户信息，因此，标准化的信贷担保产品能够有效降低农业信贷担保交易过程中的交易成本。

表5-7 农业政策性担保主要产品类型

产品类型	服务对象	主要特点	典型产品*
粮食类	粮食生产经营主体	根据土地流转信息核实经营规模；根据种植面积核定贷款额度上限；担保费率优惠	湖南农担"粮食贷"
特色种养类	特色农产品生产经营主体	地方政府涉农部门或行业协会批量推荐客户；地方政府可通过设立风险补偿金参与风险分担；地方政府可提供贷款贴息	湖南农担"特色贷"系列
产业链类	龙头企业上游、下游农业生产经营主体	龙头企业或要素商批量推荐有信贷需求的客户，提供交易记录用于核实生产经营真实性及核定贷款规模；龙头企业或要素商分担部分风险或提供信用反担保；资金闭环运行	湖南农担"生猪贷"、黑龙江农担"恋农担"
财政补贴类	享受农业财政补贴的农业生产经营主体	政府财政部门批量推荐享受财政补贴的农业经营主体客户；贷款额度以财政补贴额度为上限；财政奖补资金作为还款来源	浙江农担"财农贷"
其他	灾后重建、产业扶贫、农户创业等政策支持的农业生产经营主体	结合地方政府与农业生产相关的支持政策设计；地方政府批量推荐客户并提供客户生产经营信息；配合地方政府财政补贴、贷款贴息等政策	黑龙江农担"小额创业担"

注：*表示实践中虽命名为"××贷"，但实为信贷担保产品。
资料来源：笔者根据实地调查资料国家农担联盟相关资料整理。

表5-8 农业担保贷款产品与金融机构贷款产品特点对比

项目	担保贷款产品	金融机构贷款产品
产品类型	根据产业类型、生产经营模式、财政补贴类型设计	统一归入生产经营性贷款类型
客户准入	核实生产经营真实性，看重人品和经验	看重抵押担保条件
贷款额度	信用贷款上限可达200万~300万元	信用贷款规模上限多为30万元
贷款期限	根据生产经营周期灵活确定，支持长期贷款	一年以内的短期贷款为主
反担保条件	直系亲属和子女信用反担保为主，根据贷款额度追加资产反担保，反担保资产范围宽泛	抵押担保条件仅限于流动性强的通用性资产

资料来源：笔者根据实地调查资料国家农担联盟相关资料整理。

其次，标准化的担保贷款产品为批量化和便捷化的业务办理模式奠定了基础。案例中的四家农业担保机构均以标准化产品为依托，由业务合作伙伴针对特定产业或特定农业经营主体类型，进行批量推荐、批量调查和批量业务办理。此外，各家农业担保机构还优化业务办理流程、减少业务办理环节，并大力推广线上化业务办理模式，降低与各类业务合作伙伴以及农业经营主体之间的交易成本（见表5-9）。

表5-9   政策性农业担保机构实现业务办理批量化便捷化的典型做法

业务模式	典型代表	批量化的做法	便捷化的做法
政府合作模式	湖南农担	乡镇政府、地方政府农业部门根据担保机构客户准入标准，定期集中推荐有贷款需求的农业经营主体名单及基本信用信息，担保机构转交银行金融机构开展尽职调查	30万元以下小额贷款采用与银行金融机构的"见保即贷"或"见贷即保"模式；通过业务管理系统进行线上业务签批；银行工作代表常驻担保分支机构办公，委托银行与客户签订担保合同
政府合作模式	四川农担		将原有9项业务办理流程压缩为4步，委托银行与客户签订担保合同；银行尽职调查资料通过业务系统上传担保机构审批中心
银行合作模式	浙江农担	银行完成客户信用状况评估后批量推送给担保机构	担保机构利用政府农业大数据对银行批量推送的客户进行交叉核验，排除高风险客户后通知放贷，不再逐个对客户实施调查，仅对贷款额度较大的客户进行抽检；与银行之间采用线上交易模式
产业链合作模式	黑龙江农担	各类产业链节点企业或合作社根据担保机构客户准入标准，批量推荐到担保机构县级办事处	担保机构完成客户调查后推荐给银行，银行"见保即贷"

5.3.4 构建风险分担机制降低担保机构风险成本

农业产业具有明显的高风险特征，金融机构在农业信贷交易中不仅面临信息不对称导致的信用风险，而且面临市场风险和自然风险导致的客户违约风险。政策性担保机构为农业经营主体提供融资担保服务，同样面临上述风险可能引发的代偿损失。此外，政策性担保机构还面临来自银行，以及其他合作业务模式中客户推荐主体的道德风险。根据 4.2 节的推论 4，政策性农业融资担保的有效运行，需要有效控制和分散上述风险。四家省级农担公司构建了包括商业银行、地方政府、担保机构和再担保机构在内的多元化的风险分担机制，一方面控制业务合作伙伴的道德风险；另一方面进一步分散自身承担的风险，为实现政策性农业融资担保有效运行奠定了基础。如表 5 - 10 所示，各家农业担保机构利用自身在客户资源及客户甄别方面的优势，引导银行金融机构承担 10% ~ 30% 不等的贷款损失风险。其中，浙江农担还针对不同类型的银行金融机构制定了差异化的银担风险分担比例，即合作意愿强的金融机构自行承担 30% 的贷款损失风险，合作意愿弱的金融机构自行承担 20% 的贷款损失风险①。政府合作模式下，地方政府是农业担保贷款的受益主体和客户推荐主体。湖南农担和四川农担为控制地方政府的机会主义行为，分别要求地方政府承担 20% 和 40% 的贷款损失风险。在此基础上，四省份农业担保机构均借助再担保渠道，将 20% 的贷款损失风险转嫁给国家农担联盟。最终，各家农业担保机构还通过熔断机制等控制风险敞口。

表 5 - 10　　　　　　　政策性农业融资担保风险分担机制

业务模式	典型代表	商业银行	担保机构	地方政府	国家农担联盟	其他风控措施
政府合作模式	湖南农担	20%	40%	20%	20%	不符合湖南农担审批标准的客户，如果地方政府强烈推荐，则由地方政府承担 100% 的客户违约风险
政府合作模式	四川农担	30%	10%	40%		地方政府风险补偿基金不足以覆盖其分担的新增业务风险时，停止该地区担保贷款业务

---

①　在风险分担机制方面，浙江农担与邮政储蓄银行浙江省分行、各家农商行磋商确立了 7：3 的风险分担比例，与其他合作银行建立 8：2 的风险分担比例。

续表

业务模式	典型代表	商业银行	担保机构	地方政府	国家农担联盟	其他风控措施
银行合作模式	浙江农担	20% ~30%	30% ~50%	—	20%	设定了2% ~3%的代偿率上限,一旦与某家商业银行合作业务的整体代偿率达到上限,则暂停与该银行的业务合作
产业链合作模式	黑龙江农担	10%	70%	—		产业链节点的农业企业或合作经济组织为其推荐的客户承担连带还款责任

5.3.5 借助政府支持转嫁农业融资担保成本和风险

第 3 章和第 4 章的理论分析表明,来自政府的支持政策作为外生因素,可以直接改善政策性农业融资担保三方交易主体的参与约束,缓解其间的激励相容冲突。根据 4.2 节的推论 5,如果农业担保机构能够借助政府支持转嫁农业担保贷款业务的成本和风险,将有助于提高政策性农业融资担保有效性。事实上,案例中的四个省份根据中央政府制度文件要求,为各自的农业担保机构提供了一系列政策支持。同时,各家农业担保机构还利用自身作为政策性担保机构与政府之间的天然联系,积极推动各级地方政府出台相关支持政策,抑或推动所在省份整合农业财政、金融政策工具融入农业担保平台,降低政策性农业融资担保的成本和风险。表 5 – 11 列示了四个省份根据中央政策文件要求,在省级地方政府层面出台的担保费补助、业务补助、贷款贴息和风险救助四大方面的支持政策。

表 5 – 11　　　　　　　　　　　**四省份出台的省级支持政策**

政策类型		政策目的和用途	支持标准
担保费补助		弥补业务费用或代偿风险，建立系统性风险代偿资金池或补充资本金	担保贷款额的 1% ~2%
业务补助	以奖代补		担保余额或新增担保金额的 0.5% ~3% 不等
	代偿补偿		按实际代偿率或在保余额给予一定比例的补助
贷款贴息		农业经营主体担保贷款提供利息补贴	一定比例的贷款利息，多为基准利率的 50%
风险救助		弥补代偿风险	一定规模的资金或根据业务量给予一定比例

市县地方政府层面为政策性农业融资担保提供的支持主要包括四个方面：一是支持农业担保机构市县分支机构建设，为后者提供兼职工作人员、办公场所和办公设备支持。二是协助农业担保机构开展业务，在产品推介、客户推荐、客户调查、提供涉农数据、办理非标资产抵质押办理等方面提供便利。三是聚合地方财政支农资金支持农业担保贷款业务，例如设立风险补偿基金，按照一定比例分担本地农业经营主体违约风险；为当地农业经营主体提供担保贷款贴息等。四是协助农业担保机构化解担保贷款违约风险，包括核实农业经营主体违约的真实原因、协调银行金融机构办理担保贷款展期、打击恶意逃费担保贷款行为、处置农业经营主体抵质押资产等。上述四省份不同层次地方政府、不同类型的支持政策直接或间接降低了政策性农业融资担保各参与主体，尤其是政策性农业担保机构的成本和风险，提高了政策性农业融资担保有效性。

5.3.6　激活农业信贷市场竞争挤出银行垄断利润

由于农业经营主体缺乏有效抵押品，银行金融机构在农业信贷市场上的竞争存在明显的边界效应。银行金融机构的客户竞争主要围绕抵押担保条件充足的农业经营主体展开，而对于抵押担保条件不足的农业经营主体，银行金融机构之间缺乏有效竞争。因此，处于市场优势地位的银行金融机构在垄断条件下往往开出较为苛刻的抵押担保条件或较高的贷款利率。拥有专业优势的政策性农业担保机构介入农业信贷市场后，可以向市场释放大量满足银行抵押担保条件的农业经营主体客户。在此基础上，如果政策性担保机构能够激活银行竞争，则可以挤出银行金融机构垄断利润，引导银行金融机构降低农业贷款利率，抑或提高担保贷款风险分担比例，提高政策性农业融资担保有效性。

四省份政策性农业担保机构注重利用自身专业优势，吸引银行金融机构参与农业担保贷款业务。参与农业担保贷款业务的银行需要先与担保机构签订战略合作协议，明确双方业务合作模式、约定风险分担比例、制订信贷投放计划等内容，方可获得市场准入权限。由此，政策性农业担保机构便掌握了农业担保贷款业务中贷款银行的选择权，进而在农业担保业务框架内构建起竞争性的市场结构。调查中发现，原本农业贷款业务占比很低的多家银行争相借助担保机构进入农业信贷市场，极力扩大农业贷款规模和比例；原来在农业信贷领域占据优势的多家银行则面临着更大的竞争压力，希望能够借助担保机构巩固原有的客户和市场份额。例如，湖南农担与金融机构总部或省级分支机构签订年度合作协议，明确农业担保贷款投放规模目标，并且将该目标分解到各自的县级分支机构，纳入对各自分支机构的考核当中。湖南农担在完成客户审核后，会根据客户需求为其匹配贷款银行，而银行金融机构的分支机构为完成年度考核目标，积极向湖南农担争取担保贷款客户，并逐渐降低农业贷款利率和自身承担的风险比例。浙江农担主要同中国农业银行浙江省分行、中国邮政储蓄银行浙江省分行开展业务合作，并分别与其确定农业担保贷款投放的产业类型或农业经营主体类型，两家银行为帮助自身农业客户获得政策性担保支持，逐步提高了自身承担的风险比例。浙江农担的这一做法既能确保两家金融机构扩大农业信贷投放、降低农业贷款利率、提高风险分担比例，同时又避免了两家金融机构围绕同类客户群体形成恶性竞争，从而构建起有序竞争的农业担保贷款银行竞争秩序。

上述分析表明，政策性农业担保机构的做法激活了农业信贷市场上金融机构的竞争，引导银行金融机构承担更多的风险和成本，抑或降低担保贷款利率，在降低自身成本和风险的同时，提高了农业经营主体信贷可得性。这一结论还意味着，政策性担保机构可以充当激活农村金融市场竞争的"催化剂"，担保机构在具备专业优势的条件下，可以借助银行之间的竞争关系，扭转与银行合作过程中的被动局面。据此，农业担保机构可以根据政策目标要求和政策支持对象的需求主动作为，更好地发挥政策性担保的主导作用，放大财政资金引导和撬动银行资金投入农业的政策效果。

5.4　本章小结

本章围绕政策性农业融资担保有效运行模式进行实证分析。首先结合实地调查，将当前我国政策性农业融资担保的运行模式概括为政府合作模式、银行合作模式及产业链合作模式，分别提炼了三种业务模式的基本特征。其次选取湖南、四川、浙江和黑龙江案例，对政策性农业融资担保有效运行模式进行案例分析，发现它们能够依托合作业务模式降低农业信贷交易过程中的信息成本、采用灵活的反担保措施降低反担保门槛、利用批量化便捷化的交易模式降低农业信贷交易成本、构建风险分担机制以降低担保机构风险成本、借助政府支持转嫁农业融资担保的各项成本和风险、通过激活农业信贷市场银行竞争挤出银行垄断利润。

第 6 章

政策性农业融资担保有效运行模式的国际借鉴[*]

政策性担保的国际经验表明，通过适当的设计和制度安排，可以避免政策性担保可能出现的问题（Green，2003），尽管许多国家在经济发展水平、农业发展阶段、政府财政实力等方面存在差异，但都通过良好的制度设计实现了的政策性农业融资担保运行体系的成功运行，其中不乏可供我国借鉴的有益经验。本章首先选取政策性农业融资担保体系相对完善和运行效果比较突出的意大利、荷兰、尼日利亚、墨西哥、爱沙尼亚和坦桑尼亚六个国家，通过收集整理文献和数据资料，概括各国政策性农业融资担保的运作模式；其次从组织机构设置及其目标定位、担保机构专业能力建设、激励约束机制设计、政策支持体系及风险分散机制等方面提炼其运行的成功经验；最后探讨上述成功经验对于我国政策性农业融资担保体系建设的启示，以期为优化我国政策性农业融资担保运行模式提供借鉴。

＊ 本章部分内容以《发展中国家农业政策性担保运作模式及经验借鉴》为题发表在《世界农业》2020 年第 6 期。

6.1 各国政策性农业融资担保运行模式概括

6.1.1 意大利国家农业信贷担保基金

6.1.1.1 组织机构及目标定位

意大利政策性农业信贷担保的实施机构是农业和食品市场研究所（Institute of Services for the Agricultural Food Market，ISMEA），是意大利农业部（农业、食品和林业政策部，MIPAAF）下属的公共经济机构，由专门的总经理负责运营管理，下设八个业务部门，由监事会和专门的监督机构负责业务的监管。ISMEA 为农业生产经营主体提供信息、保险和金融服务，其中包含了信贷担保服务。其目标定位是通过增进农业生产经营主体与银行和保险公司的关系提高市场信息对称程度和透明度，降低农业生产经营风险，最终促进农业的代际变革和农业生产经营水平的提高。其目标群体是各类农场和农业企业，尤其是处于创业阶段的年轻农民的农场。

6.1.1.2 业务模式、产品特点及运行机制

ISMEA 的担保业务分为附属担保（subsidary guarantee）和直接担保（direct guarantee）两种类型①，其业务运行机制如图6-1所示。（1）农业企业向金融机构和 ISMEA 提出贷款及担保申请。（2）ISMEA 向具备一定抵押担保条件的农业企业提供附属担保服务。担保贷款期限以18个月和60个月

---

① 附属担保业务始于1993年，ISMEA 在其中承担一般担保责任，当借款人违约且金融机构执行其抵押担保品仍面临损失时，ISMEA 才会启动代偿。直接担保业务始于2011年，ISMEA 在其中承担连带担保责任，金融机构可以在借款人违约后直接要求 ISMEA 代偿。直接担保又包括保证担保、联合担保、反担保和贷款组合担保。其中，保证是 ISMEA 单独为农业生产经营主体提供的信贷担保，联合担保是与农业信托基金共同为农业生产经营主体提供信贷担保，反担保是为农业信托基金提供的信贷担保提供反担保，贷款组合担保是为金融机构农业贷款组合提供的担保。

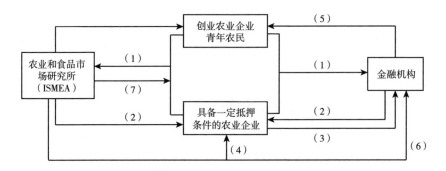

图 6-1　ISMEA 担保业务运行机制

资料来源：根据 ISMEA 官方网站资料整理，http：//www. ismea. it。

为界分为三种类型，与之相对应的担保费标准分别为 0.3%、0.5% 和 0.75%，同时 ISMEA 还向金融机构收取 0.05% ~0.2% 的佣金，担保贷款额度上限为 77.5 万欧元。担保比例方面，ISMEA 为 60 个月以下的贷款承担 55% 的代偿责任，为 60 个月以上的贷款承担 75% 的代偿责任。（3）附属担保业务中农业生产经营主体需要将土地等资产抵押给金融机构。（4）如果农业生产经营主体通过附属担保获得了期限超过 18 个月的长期贷款，ISMEA 则可以通过旗下的信贷基金为其匹配与金融机构贷款等额的低息甚至无息贷款，从而将其贷款额度上限放大到 155 万欧元。（5）ISMEA 向缺乏抵押担保条件的中小微农业企业，尤其是创业阶段的年轻农民提供直接担保服务，以帮助他们为土地改良、技术创新、机械设备购买等活动获得融资，两类客户担保贷款额度上限分别为 200 万欧元和 100 万欧元，担保比例为 70%，如果借款人是 40 岁以下年轻农民，担保比例则提高到 80%[①]。（6）ISMEA 与国际评级机构穆迪（Moody）公司合作开发了针对农业生产经营主体的信用风险评估系统和评分模型，帮助金融机构在巴塞尔协议下对农业信贷进行内部风险评估。（7）ISMEA 为降低农业生产经营主体的经营风险，ISMEA 通过

---

　　① ISMEA 官网资料未提及直接担保服务的贷款期限、收费对象和费率标准。

多种途径为其提供风险管理服务①。

6.1.1.3　运行绩效

ISMEA 通过担保服务降低了农业贷款对金融机构监管资本的吸收水平，提高了农业生产经营主体的信贷可得性并降低了他们的融资成本，最新数据显示，ISMEA 直接担保的贷款金额为 5.64 亿欧元，其子公司担保涵盖的总风险价值为 133 亿欧元，担保贷款利率比普通贷款低 1.29%。ISMEA 为年轻农民提供直接担保的比重为 24%，有力地支持了年轻农民的创业活动，近十年来由于 ISMEA 的介入而创造的新的农场数量为 2441 家②，从而成功支持了农业的代际转移。

6.1.2　荷兰可持续农业担保基金

6.1.2.1　组织机构及目标定位

荷兰农业信贷担保的实施机构是荷兰政府与荷兰合作银行合作设立的荷兰可持续农业担保基金（Sustainable Agriculture Guarantee Fund，SAGF）③，该基金是政府和社会资本合作的产物，荷兰发展合作部（Directorate General for International Cooperation，DGIS）代表荷兰政府参加 SAGF 指导委员会并提供资本金，荷兰合作银行国际公司（Rabobank international）负责 SAGF 的日常管理，为发放担保、应付和应收账款融资等项目提供基础设施和法律支

---

　　①　这些措施包括：通过其保险基金整合政府农业支持资金为农业生产经营主体提供农业保险的保费补贴，联合私营保险公司组建共同再保险联盟分担农业保险公司的风险，代表意大利农业、食品和林业政策部管理农业风险数据库，组建"共同互助和收入稳定基金"为农业企业提供自然灾害保险和收入保险服务。

　　②　资料来源：根据 ISMEA 官方网站资料整理，http：//www.ismea.it。

　　③　荷兰的 SAGF 是基于全球公共政策目标而设立并向全球发展中国家输出农业担保服务，因此，其担保服务客户群体是发展中国家和欠发达国家的小型农业生产经营主体。荷兰合作银行（Rabobank）又称拉博银行，是一家合作性金融机构，也是荷兰的第二大银行，其分支机构遍布全球，在食品和农业金融领域拥有丰富的经验，以资产质量高著称，其在标准普尔和穆迪等国际评级机构的信用评级长期保持在 AAA 级水平。

持。SAGF 在组织结构优化、产品开发、客户识别和筛选、风险防控等方面得到了荷兰合作银行农村基金会、荷兰天主教发展合作组织以及荷兰禾众基金会的支持①。SAGF 的目标定位是在盈利和可持续条件的基础上，通过降低银行的风险引导其进入资本不足的农业中小企业，增加发展中国家受到限制或无法获取金融服务的农业生产经营主体获得流动资金信贷（出口前贸易融资）的机会，促进发展中国家农产品生产和国际贸易。

6.1.2.2　业务模式、产品特点及运行机制

SAGF 的典型业务模式是为发展中国家农产品生产和出口的贸易融资提供一般责任担保，其运行机制如图 6 - 2 所示。（1）发展中国家的合作社、农业企业和农户等农业生产经营主体就农产品购买、加工和出口等活动的流动资金需求向本国金融机构申请贷款。（2）与 SAGF 建立合作关系的金融机构向 SAGF 提交贷款客户的担保申请，其中，SAGF 目前已经与巴西、越南、印度、南非等 25 个国家各 2 ~ 4 家金融机构建立了合作关系。（3）SAGF 和金融机构分别对借款人开展尽职调查，并通过各自的审批流程对贷款和担保进行审批，审批通过后 SAGF 通知金融机构发放贷款，并与金融机构签订风险分担协议，其担保贷款额度为 50 万 ~ 150 万美元，最高担保比例为贷款金额的 90%。（4）借款人向 SAGF 支付贷款金额 2% 的担保费，同时以农产品销售合同作为抵押向金融机构提供还款保证，农产品销售回款由金融机构扣除贷款本息后返还给借款人。（5）SAGF 为金融机构和农业生产经营主体提供技术指导以帮助双方建立互信。例如，帮助农业生产经营主体建立信用记录、向当地金融机构展示如何与农业部门合作并利用销售合同作为抵押，通过

① 荷兰合作银行农村基金会（Rabo Rural Fund）是合作荷兰合作银行的一部分，其任务是加强和建设农村成员组织（合作社）的能力，主要在储蓄、信贷和小额保险领域为 25 个国家的小型农业生产者组织提供各种金融产品以及咨询和技术援助。荷兰天主教发展合作组织（Cordaid）是一家在全球范围内开展紧急救济、减贫、社会发展等活动的组织，并参与 SAGF 的结构简化和产品开发活动。禾众基金会（Solidaridad）是一家推动可持续发展的国际非营利性组织，30 年来致力于在全球范围内促进可持续贸易及生态保护，是国际公平贸易体系的创始机构之一。

荷兰合作银行农村基金会为发展中国家农业生产经营主体提供金融产品、咨询和技术服务。SAGF的担保服务会随着农业生产经营主体与金融机构之间互信关系的加深，采用逐年递减担保比例的方式实现退出，即SAGF为首次申请担保服务的农业生产经营主体承担贷款金额90%的代偿责任，这一比例在第二年和第三年分别递减为70%和50%，并在第四年或者第五年退出担保服务。

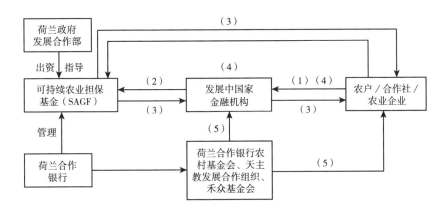

图6-2 SAGF担保业务运行机制

6.1.2.3 运行绩效

SAGF迄今在坦桑尼亚、印度、尼加拉瓜、秘鲁和塔吉克斯坦成功运营，帮助上述国家生产咖啡、可可、棉花、芝麻和辣椒等经济作物的小型农户以可接受的利率和较少的限制条件获得了正规信贷的支持，银行向客户提供的贷款金额明显提高。同时SAGF通过帮助农业生产经营主体建立信用记录，帮助金融机构开展贸易融资业务等方式帮助银行和农业生产经营主体之间建立了互信。

6.1.3 尼日利亚农业信贷担保基金计划

6.1.3.1 组织机构及目标定位

尼日利亚政策性农业信贷担保的载体是成立于1977年的农业信贷担保

基金计划（agricultural credit guarantee fund scheme，ACGSF），由尼日利亚中央政府和央行分别以 60% 和 40% 的比例出资，初始资本金规模为 1 亿奈拉①，通过持续的资本金注入以及国债投资，ACGSF 的资金规模于 2001 年达到 30 亿奈拉。ACGSF 设立了由七名成员组成的董事会，包括来自尼日利亚中央银行的两名成员，来自财政部、农业部和银行家委员会的三名成员，以及两位非政府官员（其中一人担任董事会主席）。尼日利亚中央银行负责该基金的日常运作和管理，并在所有州的中央银行分支机构建立 ACGSF 的分支机构网络。中央银行总部的发展金融部负责协调分支机构的工作，并设置担保基金的秘书处。ACGSF 的目标定位是通过信贷担保方式鼓励商业银行和其他银行参与贷款计划，促使他们向农业提供贷款，提高农业生产水平。其支持对象是从事种植业、畜牧业和渔业生产的农民、合作社和农业企业②。

6.1.3.2　业务模式、产品特点及运行机制

ACGSF 的担保产品属于一般责任担保，其业务模式及运行机制如图 6 - 3 所示。（1）农业生产经营主体向金融机构申请贷款。为降低运行成本及违约风险，ACGSF 于 1991 年启动了自助小组联动银行（Self - Help Group Linkage Banking）机制。该机制鼓励具有共同目标的农民组成 5 ~ 15 人不等的自助小组，然后将小组成员的储蓄存入金融机构，存款满 6 个月后方可申请贷款。（2）金融机构根据 ACGSF 的要求筛选出符合贷款条件的目标客户提交审核。（3）ACGSF 为向审核通过的客户提供信贷担保并收取担保费，承担贷款本息 75% 的代偿责任。其中，ACGSF 要求银行的最高贷款利率不能超过 9%，大多数贷款的期限在 3 年以内。农户个人能够享受的最高担保贷款额度为 500 万奈拉，合作社和企业享受的最高担保贷款额度为 1000 万奈

---

① 奈拉（NGN）是尼日利亚的法定货币，2020 年 3 月 16 日外汇行市，美元对尼日利亚奈拉的汇率为 1USD：369.96NGN，人民币对尼日利亚奈拉的汇率为 1CNY：52.85NGN。资料来源：根据尼日利亚中央银行官方网站资料整理（网址：http：//www.cbn.gov.ng/Devfin/acgsf.asp）。其中，ACGSF 资本金数据在 2001 年后未更新。

② 资料来源：根据尼日利亚中央银行官方网站资料整理，http：//www.cbn.gov.ng/Devfin/acgsf.asp。

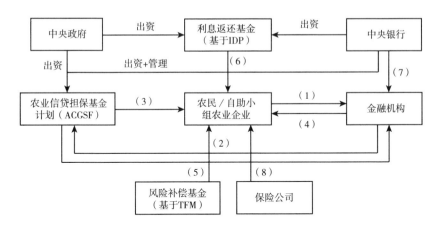

图6-3　ACGSF担保业务运行机制

资料来源：根据ACGSF官方网站资料制作（网址：http://www.cbn.gov.ng/Devfin/acgsf.asp）。

拉。（4）金融机构按照借款人储蓄存款四倍的额度上限向其发放贷款并承担剩余25%的违约责任。在贷款全部偿还之前，借款人的储蓄存款不得提取，相当于承担了25%的保证责任。（5）中央和地方政府、非政府组织或石油公司出资成立风险补偿基金[①]。在借款人保证责任的基础上，该基金再承担25%的保证责任，剩余50%的风险敞口由ACGSF和金融机构按照75%（相当于违约贷款总额的37.5%）和25%（相当于违约贷款总额的12.5%）的比例分担。此外，该信托基金也可以提高其风险分担比例以降低对贫困农民的存款要求。（6）为降低农业生产经营主体的融资成本并激励借款人按时还款，ACGSF于2004年实施了利息返还计划（interest drawback programme，IDP），IDP基金由尼日利亚政府和中央银行按60%和40%的比例出资20亿奈拉建立，以其国债投资收益为按期偿还贷款本息的借款人提供40%的利息补贴。（7）中央银行为发放中长期农业贷款的金融机构提供流动性支持[②]。

---

① 该做法被ACGSF称为"信托基金模式"（trust fund model，TFM），壳牌石油开发公司和尼日利亚Agip石油公司为支持其所在地区的农业和经济发展，均出资成为信托基金。

② 2002年尼日利亚央行为鼓励金融机构发放中长期贷款以支持实体经济部门基础设施建设和扩大再生产开设了再融资和再贴现窗口，即再融资和再贴现计划（refinancing and rediscounting scheme，RRF）。

（8）农业生产经营主体向保险公司购买财产保险以抵御自然风险。

6.1.3.3 运行绩效

截至 2017 年 8 月底，ACGSF 累计办理担保贷款 108.71 万笔，累计担保贷款 1078.95 亿奈拉①。其中，2012～2015 年，ACGSF 为 454 个农业项目提供信贷担保，担保贷款规模为 611.61 亿奈拉，向逾期偿还贷款的借款人支付超过 7.53 亿奈拉的利息返还。截至 2017 年 9 月底，ACGSF 累计为 631 个农业项目提供信贷担保，价值 650 亿奈拉，累计支付利息补贴 8.49 亿奈拉②。2018 年 ACGSF 办理担保贷款 3.06 万笔，担保贷款总规模 43.78 亿奈拉；其中，农户担保贷款 2.98 万笔，担保贷款总规模 42.62 亿奈拉；全年解除担保责任的贷款有 3.04 万笔，担保贷款规模 54.78 亿奈拉③。

6.1.4 墨西哥农村发展信托基金

6.1.4.1 组织机构及目标定位

墨西哥政策性农业信贷担保的实施机构是农村发展信托基金（trust funds for rural development，FIRA），其中，FIRA 旗下的特别技术援助基金和农业信贷担保基金（FEGA）和国家农林渔业和农村保障基金（FONAGA）是专门的担保基金④。FIRA 由墨西哥政府于 1945 年出资建立，依靠担保费收入

---

① 资料来源：2017 年尼日利亚农业信贷担保计划行动报告，http：//www.cbn.gov.ng/Documents/acgsf.asp。

② 资料来源：尼日利亚激励型农业借贷风险分担系统（NIRSAL）官方网站，https：//www.nirsal.com/index。

③ 资料来源：2018 年尼日利亚农业信贷担保计划年度报告和 2017 年尼日利亚农业信贷担保计划行动报告（网址：http：//www.cbn.gov.ng/Documents/acgsf.asp）。

④ FEGA 成立于 1972 年，负责向农业部门提供技术服务并为发放农业贷款的金融机构提供担保服务。FONAGA 由 FIRA 与几个政府部门于 2008 年合作成立，专门为农业、林业、渔业等领域中低收入者、墨西哥南部和东南部地区的小生产者以及需要固定投资的长期项目的担保贷款提供风险补偿，该基金被 FIRA 定义为首亏基金（first - loss fund），从其运行机理判断，相当于我国的风险补偿基金。

并通过政府债券、银行债券和高信用级别回购协议的投资收益实现可持续发展。截至 2017 年底，FIRA 的股权达到 830.63 亿比索，其担保基金 FEGA 的资本金规模为 188.67 亿比索①。FIRA 由墨西哥政府财政和公共信贷部（SHCP）委托给墨西哥银行（墨西哥央行）管理，其最高管理机构是技术委员会，监事会则由墨西哥财政部、中央银行、银行协会、农业部和生产者协会的代表组成，1 名总经理和 7 名副总经理负责其日常运营。FIRA 在墨西哥拥有 100 个分支机构（被分为 5 个区域单元）、1150 名工作人员和 5 个技术开发中心。FIRA 将自身定义为"上层的发展银行"（Second-tier Development Bank），其目标定位是在自身可持续的前提下扩大金融机构对农业和农村的服务范围和规模，即通过信贷担保和技术服务等方式提高优质农业项目的信贷可得性、支持农业生产获得长期信贷以及帮助农村中小微企业、落后地区、农业可持续发展领域等政府政策关注重点领域获得融资。

6.1.4.2 业务模式、产品特点及运行机制

FIRA 的担保产品属于一般责任担保，其担保业务运作模式和运行机制如图 6-4 所示。（1）FIRA 将多个政府农业支持计划的资金纳入旗下的三只基金②，进而将资金委托给金融机构用于发放农业贷款，同时鼓励金融机构用自有资金发放农业贷款，FEGA 提供的担保贷款期限最长为 1 年。（2）金融机构按照 FIRA 基金支持的产业、用途或期限向目标客户群体发放贷款并负责贷款的追踪管理和到期回收。（3）农业生产经营主体向金融机构缴纳贷款总额 10% 的保证金，如果农业生产经营主体加入了互助担保基金，则由互助担保基金为其提供担保。农户的保证金和互助担保基金在贷款违约时会先

---

① 资料来源：FEGA 官方网站，http：//www.fira.gob.mx/nd/index.jsp。比索（MXN）是墨西哥法定货币，根据 2020 年 3 月 16 日外汇行市，美元对墨西哥比索的汇率为 1USD：22.48 MXN，人民币对墨西哥比索的汇率为 1CNY：3.21MX。

② 这三只基金分别是：成立于 1954 年的农业、畜牧和家禽养殖基金（FONDO），主要支持农业和畜牧业生产的流动资金需求；成立于 1965 年的农业融资专项基金（FEFA），为农业生产经营主体购买机械、设备、安装提供资金支持，为产品的生产、销售提供融资、补贴和其他服务；成立于 1989 年的渔业活动的担保和推广基金（FOPESCA），主要支持渔业部门获得融资。

启动代偿直至资金消耗完毕。（4）FEGA 为金融机构的农业贷款组合提供担保并向金融机构收取担保费，其担保比例分布于 40%～90%，担保费率介于 0.62%～3.98%。（5）国家农林渔业和农村保障基金（FONAGA）为其目标客户群体的担保贷款提供风险补偿。当贷款违约时，它将先于 FEGA 启动代偿直至资金消耗完毕，然后由 FEGA 按照与金融机构约定的比例进行代偿。（6）FEGA 依靠自身技术和经验向金融机构提供农业项目评估技术，向借款人提供农业技术指导和咨询服务。（7）为鼓励金融机构发放农业贷款，金融监管部门将金融机构农业担保贷款的资本充足率要求从 8% 降低至 2%。FEGA 通过差异化的定价策略引导金融机构提高风险分担比例并降低银行道德风险，其担保费由两部分构成：一是自身运营成本，根据不同的担保比例按担保贷款余额的一定比例，向金融机构收取，当担保比例在 50% 及以下时，该比例为担保贷款余额的 0.27%，当担保比例超过 50% 时，该比例为担保贷款余额的 0.47%。二是信贷风险成本，根据每家金融机构过去 7 年的担保贷款代偿情况确定。业务数据显示，当担保比例为 40% 时，FEGA 收取的担保费率为 0.62%，当担保比例达到 63% 时，担保费率则高达 3.98%。

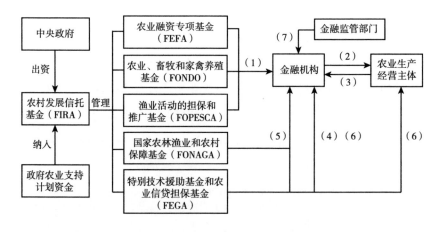

图 6-4 FEGA 担保业务运行机制

资料来源：根据 FEGA 官方网站资料制作（网址：http://www.fira.gob.mx/nd/index.jsp）。

6.1.4.3　运行绩效

FIRA 和 FEGA 还通过一系列的机制设计和配套服务整合金融机构和政府资源，吸引更多的金融机构参与农业贷款业务并整合多种类型的财政支农资金，将越来越多的农业生产经营主体纳入服务范围，不但扩大了农业和农村的信贷供给，而且促进了农业技术进步、产业化水平提高和区域均衡发展，同时实现了自身的可持续发展。经过 40 多年的运行，FEGA 吸引了大量金融机构为农业和农村客户提供信贷，越来越多的边缘客户被纳入信贷支持范围。截至 2017 年底，FEGA 累计帮助农业生产经营主体获得了 312.59 亿比索的银行贷款，其中，帮助农村获得了 58.16 亿比索的长期银行贷款，帮助农户和农业中小微企业获得 108.21 亿比索的银行贷款，帮助农业可持续发展项目获得了 7.32 亿比索的银行贷款[1]。

6.1.5　爱沙尼亚农村发展基金会

6.1.5.1　组织机构及目标定位

爱沙尼亚提供政策性农业信贷担保的机构是农村发展基金会（Rural Development Foundation，RDF），该基金会由爱沙尼亚政府 1993 年和 1997 年成立的农村生活信用基金会和农村信用担保基金于 2001 年合并而成。RDF 的资金来源于政府财政和国外捐款，通过收取贷款利息、担保费和证券投资收益补充资本金并实现自身可持续发展，其初始资本金规模为 3320 万欧元，2015 年底增加到 3861 万欧元[2]。RDF 采用了十分精简的组织架构以降低运行成本，其管理委员会由 2 名成员组成，监事会由 11 名成员组成，员工人数则保持在 20 人左右。RDF 在管理和运营上的独立运行最大限度地避免政

---

① 资料来源：FIRA2017 年度报告，FIRA 官方网站，http：//www.fira.gob.mx/nd/index.jsp。

② 资料来源：尼日利亚农村发展基金会 2015 年度报告，尼日利亚农村发展基金会官方网站，http：//mes.ee/en。

府部门的干预。RDF 的目标定位是通过向农场主、农业企业、储贷协会以及非营利的农村社区协会提供贷款和担保,促进农业生产和农村发展。

6.1.5.2 业务模式、产品特点及运行机制

RDF 的担保产品属于一般责任担保,包括两种业务模式:一是面向农业生产经营主体的单笔贷款担保业务;二是面向金融机构的农业贷款组合担保业务,其运行机制如图 6-5 所示。(1)借款人向 RDF 的合作金融机构申请贷款和 RDF 的担保服务,其自有资金应达到投资总额的 25%。为增强与金融机构的联系并提高运营效率,RDF 与两家瑞典的大型银行以及几家小型银行开展担保贷款业务合作[①]。(2)金融机构审核通过后向借款人发放贷款并向 RDF 提交担保申请,金融机构也可以为自己发放的农业贷款组合向 RDF 提交担保申请。(3)RDF 为借款人的贷款或金融机构的贷款组合提供担保,面向借款人的担保贷款额度上限为 250 万欧元,期限可以长达 10 年,担保比例上限为 80%(2015 年其单笔贷款担保和贷款组合担保的总体担保比例分别为 59.47% 和 53.87%),担保费率介于 0.4% ~ 7.5%,通常介于 3.8% ~ 4.6%,具体取决于借款人的信用水平。(4)金融机构向 RDF 提供担保的客户发放贷款。(5)借款人向银行提供财产抵押。(6)为鼓励金融机构发放农业贷款,RDF 按照欧洲央行再贷款利率上浮 0.5% 的标准向金融机构提供资金支持[②]。此外,RDF 也可以直接向金融机构不愿涉及的农业生产经营主体和项目发放贷款。(7)RDF 向金融机构提供评估借款人及筛选投资项目的服务,根据借款人及项目特点帮助金融机构设计贷款产品。(8)RDF 的咨询委员会向农民和农村企业家提供有偿的生产技术、创业和金融方面的培训和咨询服务以提高项目的可行性及成功率。

---

① 爱沙尼亚在苏联解体以后的经济体制转型期接受的外国投资主要来源于瑞典,瑞典的大型商业银行随之进入爱沙尼亚,它们拥有发达的分支机构网络,可以在爱沙尼亚全国范围内提供信贷服务。

② RDF 也向农业生产经营主体提供直接贷款,但是为了避免与金融机构竞争,其逐步缩减了直接贷款业务并将资金批发给商业银行发放农业贷款。

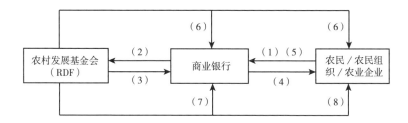

图 6 - 5 RDF 担保业务运行机制

资料来源：根据 RDF 官方网站资料制作（网址：http：//mes. ee/en）。

6.1.5.3 运行绩效

RDF 自成立以来帮助缺乏抵押品和处于创业阶段的农业和农村企业家获得了银行贷款，尤其是基础设施投资需要的长期贷款。2015 年度报告显示，爱沙尼亚农村发展基金会当年新增担保业务 443 笔，帮助 362 家农业中小微企业获得了 7970 万欧元的银行贷款，对其中的 108 笔业务减免担保费 62.57 万欧元。同时，RDF 还为金融机构 1.24 亿欧元的农业贷款组合提供担保，涉及农业企业 566 家[①]。

6.1.6 坦桑尼亚私营农业部门支持信托

6.1.6.1 组织机构及目标定位

坦桑尼亚政策性农业信贷担保的实施机构是民营农业部门支持信托（The Private Agricultural Sector Support，PASS），该机构是在丹麦和瑞典政府资助下由塔桑尼亚政府于 2000 年成立的，并于 2007 年注册为独立运行的非营利组织。PASS 的创始委员会由坦桑尼亚农业与工业部门、丹麦与坦桑尼亚财政和经济事务部扶贫司司长的成员组成，其董事会有八名成员，由农业

---

① 资料来源：本部分数据均来自爱沙尼亚农村发展基金会官方网站和爱沙尼亚农村发展基金会 2015 年度报告（网址：http：//mes. ee/en），其官网数据更新至 2015 年。

部官员担任主席，日常运营管理则由一名总经理及若干业务部门总监负责。PASS 被定义为创新型的农业金融开发机构，其目标定位是通过与金融机构的合作为中小型农业企业提供商业发展和担保服务，激励商业银行发放农业贷款，促进国内商业性农业和农业企业的发展①，最终将农村农业经济转变为可持续的价值链和市场驱动的生产部门。其客户群体包括农户、农民组织和各类农业企业，其中，生产粮食作物和出口作物等对农产品价值链产生重大影响的客户是其优先支持的对象。

6.1.6.2 业务模式、产品特点及运行机制

PASS 的担保产品属于一般责任担保，分为三种业务模式：传统担保（包括面向农民、农民群体及中小企业的担保和面向大型企业的担保）、贷款组合担保以及关联银行担保，其中，传统担保业务面向金融机构提供的单笔农业贷款，贷款组合担保面向金融机构发放的农业贷款组合，关联银行担保业务同时面向大型银行提供给小型银行的转贷资金和小型银行发放的单笔农业贷款。PASS 担保业务的运行机制如图 6-6 所示。（1）农业生产经营主体分别向商业银行和 PASS 提交贷款和担保申请，同时根据贷款额度向 PASS 支付一定的申请费。（2）商业银行对借款人进行初步筛选并将合格客户的资料转交 PASS，此后 PASS 联合银行对借款人开展尽职调查，关联银行担保业务中，最终发放贷款的小型银行需要先行对客户开展尽职调查。通过尽职调查的客户需要按贷款额度 2% 的比例向 PASS 支付商业计划费，然后 PASS 与客户合作制订商业计划并提交给商业银行用于申请贷款。其中，具备银行认可的商业计划客户和银行既有客户不需要支付商业计划费，取而代之的是贷款额度 1% 的中介费。（3）商业银行接受客户的商业计划后，将就银行与PASS 之间的风险分担比例、担保金额进行协商，银行作出贷款决定后，PASS 向商业银行出具保函。PASS 仅对银行贷款本金承担一定比例的代偿责

---

① 商业性农业是指面向国内外市场提供农业商品的农业经济，与之相对应的是以生存为基础的农业经济。

任，传统担保业务的担保比例为 60%（如果借款人为女性，该比例高达 80%），关联银行担保业务和贷款组合担保业务中，上述比例为 50%，银行则需要按季度根据担保贷款额度 0.5% 比例向 PASS 支付担保费（即年化费率 2%）。（4）商业银行向客户发放贷款，客户向商业银行提供资产抵押。关联银行担保业务中，大型银行首先将资金批发给小型银行；其次由小型银行向农业生产经营主体发放贷款。（5）为提高借款人投资项目的可行性，降低担保风险，PASS 还向农户、各类涉农企业、农民组织提供商业发展服务（business development services，BDS），即向上述各类农业生产经营主体提供的可行性研究、商业计划制订、技术培训等服务。（6）为增强担保机构和银行的互信，PASS 与国内外的 15 家银行建立了紧密的合作关系，其客户关系管理部门每月都与合作的银行举行会议。

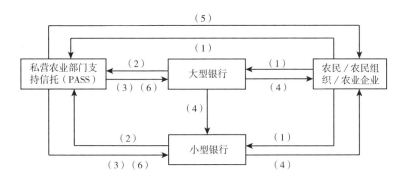

图 6 - 6　PASS 担保业务运行机制

资料来源：根据 PASS 官方网站资料制作（网址：https：// pass. or. tz）。

6.1.6.3　运行绩效

PASS 的担保服务一是增强了商业银行发放农业贷款的信心；二是提高了农业生产经营主体的信贷可得性，使他们能够采用更加先进的生产技术和生产设备，从而提高了国内主要农产品产量和质量；三是增加了受助企业的工作岗位。年度报告显示，PASS 截至 2018 年底拥有 56 名员工和 6 个分支机构，担保贷款责任余额 1914 亿先令，机构总收入 129.6 亿先令，税前利润

27.7 亿先令，在服务农业经营主体融资的同时实现了自身的可持续发展①。

6.2　各国政策性农业融资担保运行模式特点

6.2.1　建立独立专注的担保机构

从担保机构设置及治理结构来看，各国政策性农业信贷担保机构虽然由政府利用财政资金或者外国政府援助资金设立，但是各国政府及部门均不直接参与农业信贷机构的经营管理，而是通过完善的治理结构开展独立运营，通过政府持续注资、担保费收入和咨询业务收入实现可持续发展（见表6-1）。

表 6 - 1　　　　　　　　各国农业政策性担保机构设置及目标客户

项目		意大利	荷兰	尼日利亚	墨西哥	爱沙尼亚	坦桑尼亚
机构设置	资金来源	财政资金	财政资金	财政资金	财政资金	财政资金外国捐助	外国捐助
	决策机构	—	指导委员会	董事会	技术委员会	管理委员会	董事会
	运营机构	ISMEA	荷兰合作银行	ACGSF（央行）	FIRA（央行）	RDF	PASS
	监督机构	监事会	—	—	监事会	监事会	—
	收入来源	担保费	担保费	持续注资担保费投资收益	担保费投资收益	担保费咨询费投资收益	担保费
目标定位及客户群体	目标定位	提高市场信息对称程度降低生产经营风险	自身可持续降低银行风险，提高客户获得融资的机会	鼓励商业银行和其他银行参与贷款计划	自身可持续扩大金融机构对农业和农村的服务范围和规模	自身可持续向农业经营主体提供担保，促进农业生产和农村发展	激励银行发放农业贷款，促进商业性农业和农业企业发展

① 坦桑尼亚货币单位是先令（TZS），根据 2020 年 3 月 16 日外汇行市，美元对坦桑尼亚先令的汇率为 1USD：2295TZS，人民币对坦桑尼亚先令的汇率为 1CNY：328.27TZS。资料来源：2018 年度报告，PASS 官网（网址：https：//pass. or. tz/resource - center/annual - reports）。

项目		意大利	荷兰	尼日利亚	墨西哥	爱沙尼亚	坦桑尼亚
目标定位及客户群体	客户群体	青年农民农业企业	合作社农业企业农户	农民合作社农业企业	农户、农村中小微企业	农户、农村中小微企业	农户农民组织农业企业

政府财政部门和农业部门或者央行通过参与业务指导委员会或监督机构对担保机构的运营进行指导和监管。上述制度设计给予了担保机构充分的经营管理自主权，最大限度地避免了政府直接干预对担保机构带来的不利影响，进而为担保机构的市场化经营和可持续运作奠定了基础。从担保体系的目标定位来看，各国农业信贷担保机构根据本国农业发展阶段和特点明确了重点支持的农业产业类型、担保贷款用途和特定的客户群体，通过担保服务引导和激励金融机构降低贷款利率、扩大贷款规模、延长贷款期限，实现提高农业生产经营主体的信贷可得性的运作目标。由此可见，清晰的运作目标定位使担保机构瞄准本国农业发展需要锁定因抵押担保条件不足和面临信贷配给的农业生产经营主体，在最大限度上避免了农业信贷担保体系运作目标的漂移并实现政策效果的最大化。

6.2.2　构建多样化的业务模式

各国政策性农业信贷担保的有效运行还得益于将多种主体嵌入担保业务链条并构建多种业务模式以降低信息成本（见表 6 - 2）。一是担保机构负责制定客户筛选标准和担保准入条件、从专业角度开展客户信用评估等工作，而客户筛选和推荐、贷款发放和回收等工作则委托给金融机构负责，因而与金融机构形成了合理的分工，有助于降低担保业务运行成本，为此，各国担保机构往往选定数量不等的金融机构开展长期合作，通过建立互信降低双方交易成本。二是将农民互助组织、农产品收购加工企业、小型金融机构、公益性社会组织等拥有农业生产经营主体非正式信息的组织嵌入担保业务链条，降低担保业务的信息成本和违约风险，例如荷兰的 SAGF 在客户识别和筛选、风险防控等方面得到了荷兰合作银行农村基金会、荷兰天主教发展合作组织以及荷兰禾众基金会的支持；尼日利亚鼓励农民以自助小组为单位申请担保服务；坦桑尼亚的关联银行担保业务吸收小型金融机构参与到担保机构与大型金融机构的业务合作中。结合不同的参与主体，各国农业信贷担保体系构建出多样化的业务模式，例如坦桑尼亚的担保产品包括传统担保、贷款组合担保以及关联银行担保三种模式。

表6-2　　　　　　　各国农业政策性担保业务模式及产品特点

项目	意大利	荷兰	尼日利亚	墨西哥	爱沙尼亚	坦桑尼亚
担保责任	连带责任 一般责任	一般责任	一般责任	一般责任	一般责任	一般责任
业务模式	保证、联保 反担保、贷款 组合担保	贸易融资 担保	未细分	农业贷款 组合担保	单笔担保 贷款组合担保	单笔担保 贷款组合担保 关联银行担保
合作银行	境内所有 金融机构	各国的2～4 家金融机构	达成合作的 金融机构	达成合作的 金融机构	两家瑞典 大型银行、 国内几家 小型银行	国内外15家 大型和小型 银行
担保额度	77.5万～ 200万 欧元	50万～ 150万 美元	500万～ 1000万 奈拉	—	最高250万 欧元	—
贷款期限	可长达 5年以上	以销售 回款为限	3年以内	1年以内	10年以内	—
贷款利率	市场化	市场化	9%以内	市场化	市场化	市场化
担保比例	55%～80%	最高90%	75%	40%～90%	最高80%	50%～80%
担保费率	借款人： 0.3%～0.75% 银行佣金： 0.05%～0.2%	2%	—	向银行收取 0.62%～ 3.98%	借款人 3.8%～ 4.6%	向银行收取2% 借款人1%～2% 商业计划费或 中介费
重点客户 支持措施	提高青年农民 担保比例并提供 连带责任担保； 提高长期贷款 担保比例和额度	—	提高贫困农 户担保比例； 规定担保贷 款利率上限	—	—	提高女性借款人 担保比例

6.2.3　强化担保机构专业优势

各国农业担保机构通过设立专门的研究部门、培养和聘用农业专家开展农产品市场和农业融资领域的研究，进而在农产品市场信息、农业生产技术、农业生产经营主体分类管理及信用评估方面不断积累专业技术和经验并建立突出的专业优势，例如墨西哥建立了由农学、兽医、生物、财务、法律等方面专家组成的多种层面和类型的技术委员会，能够对每个生产者的资金需求进行详细和准确的分类。上述优势为担保机构的下列活动奠定了基础：一是基于对客户类型和特点的研究设计出丰富的担保产品类型，其具有不同的贷款额度上限、贷款期限要求、担保比例以及担保费率。在此基础上，利用提高担保比例、减免担保费等方式对重点客户群体进行支持，通过提高长期贷款的担保比例和担保贷款额度引导金融机构发放长期贷款。二是提高担保机构风险管理水平，各国担保机构能够从专业角度对借款人和农业项目进行风险评估，降低代偿风险。例如荷兰、尼日利亚的担保机构独立于金融机构对借款人开展尽职调查，坦桑尼亚 PASS 与金融机构共同开展对借款的尽职调查。三是改善了收入结构，许多国家的担保机构依托自身技术优势向农业生产经营主体提供技术指导和融资咨询服务，提高了自身收入水平和担保机构的可持续发展能力。四是向金融机构提供信贷及风险管理技术支持以降低金融机构经营成本和经营风险。例如意大利与穆迪公司合作开发了针对农业生产经营主体的信用风险评估系统和评分模型，帮助金融机构农业信贷进行风险评估；墨西哥向金融机构提供农业项目评估技术；爱沙尼亚向金融机构提供评估借款人及筛选投资项目的服务，帮助金融机构设计贷款产品等。

6.2.4　完善的激励约束机制

科学的定价策略是激励约束机制的核心内容，各国农业信贷担保机构普遍采用差异化和动态化的定价策略实现担保机构、金融机构和农业生产经营主体之间合理的风险责任划分（见表6-3）。例如墨西哥的担保机构根据自身担保成本和金融机构风险水平为每家金融机构制定担保费率标准并按年度进行动态调整，同时其担保费率随担保比例的上升而提高；爱沙尼亚也根据农业经营主体信用状况采用了浮动担保费率标准。

表6-3   各国农业政策性担保业务运行中的激励约束机制和支持政策

	项目	意大利	荷兰	尼日利亚	墨西哥	爱沙尼亚	坦桑尼亚
激励约束机制	定价机制	期限越长担保费越高	—	—	担保比例越大，担保费越高	担保费视风险水平确定	—
	银行激励	提供信用评估技术	业务模式指导、担保退出机制	央行再贷款支持	提供农户贷款信用评估技术	提供低息资金产品设计及评估服务	建立紧密合作关系，每月举行会议
	客户激励	—	技术指导咨询服务	利息返还计划	技术指导咨询服务	技术培训咨询服务	商业发展服务
	客户约束	土地抵押	合同抵押	互助担保	保证金互助担保	25%自筹资金财产抵押	资产抵押
支持政策		法律法规匹配贷款	—	央行再贷款	降低银行资本金要求	—	—
风险分散机制		农业保险	—	风险补偿金农业保险	风险补偿金	—	—

除定价策略外，各国对金融机构和农业生产经营主体的激励约束机制还包括以下内容。

对金融机构的激励方面，墨西哥和爱沙尼亚的担保机构向金融机构提供低成本资金用于发放农业贷款；爱沙尼亚对潜在客户及其项目进行评估和筛选后向银行推荐；意大利、墨西哥和爱沙尼亚的担保机构向金融机构提供信贷管理、产品设计或风险评估技术；尼日利亚和坦桑尼亚担保机构在借款人违约后及时履行代偿责任；荷兰为避免损害银行利益设计了担保退出机制。对金融机构的约束方面，除了采用比例担保机制外，意大利、墨西哥还设定了免责条款，当金融机构存在主观过错时，担保机构代偿责任会自动解除。

对借款人的激励方面，荷兰、墨西哥、爱沙尼亚和坦桑尼亚的担保机构向农业生产经营主体提供了农业生产和融资方面的技术咨询服务以提高其项目成功率，意大利和尼日利亚的担保机构鼓励农业生产经营主体使用农业保险等风险管理工具，此外，尼日利亚还实施了利息返还计划。对借款人的约束则表现为一定的反担保要求，例如意大利、爱沙尼亚和坦桑尼亚要求借款人提供资产或财产抵押，尼日利亚规定了借款人自筹资金比例下限，墨西哥则要求借款人缴纳一定比例的保证金。

上述措施满足了金融机构的参与约束，同时能够有效防范金融机构和借款人的道德风险，从而使担保体系能够在市场化原则下实现持续运行。

6.2.5 健全的政府支持政策

政府多元化的支持政策也是各国农业信贷担保体系成功运行的重要经验。一是各国利用财政资金或外国政府援助资金为担保机构注资，降低了担保机构的盈利性要求。尼日利亚、墨西哥和爱沙尼亚的担保机构还利用政府注资投资国债等金融资产，将投资收益用于弥补运行成本并扩大资本金规模，提高了担保机构可持续发展能力。二是综合运用政府支农政策工具。例如意大利为农业生产经营主体的担保贷款匹配优惠利率贷款；尼日利亚央行为发放中长期农业贷款的金融机构提供再贷款支持；墨西哥建立农业基金向金融机构提供资金支持，其金融监管部门还大幅下调金融机构农业担保贷款的资本金要求。三是建立政府分担风险机制。例如意大利整合政策性保险降低农业生产经营主体经营风险；尼日利亚担保基金联合各级政府、非政府组织和石油公司设立风险补偿基金，并要求农业生产经营主体购买农业保险；墨西哥利用财政风险补偿基金和农业互助担保基金降低代偿风险，同时还鼓励农业项目的经理和融资人员使用农业保险、订单农业、汇率风险保险等风险管理工具进行风险缓释。值得一提的是，意大利围绕政策性农业信贷担保机构的建立、业务的开展、客户群体的界定以及与信贷和保险等政策工具搭配等出台了一系列法律法规并形成一整套衔接紧密的农业融资政策体系，部分担保业务可以根据法律法规要求自动批量运作。上述措施的综合运用降低了担保体系各参与主体的运行成本和风险水平，促进了担保体系的持续运转。

6.3 各国政策性农业融资担保运行模式借鉴

6.3.1 提高担保机构的独立性持续性

各国农业政策性担保运行经验表明，无论担保机构由何种政府部门管理，建立完善的治理架构对于担保机构的可持续发展和政策目标的实现至关重要。一方面可以减少政府干预带来的决策风险；另一方面在限定业务范围和目标客户的条件下，担保机构能够通过独立运营发育出专业优势。中国以往的农业担保机构大多由政府部门负责管理，担保机构的微观决策受到政府的严重干预。而且担保机构在成本控制、风险管理等方面存在软约束，难以培育专业优势，不利于担保机构和担保业务的可持续发展。因此，中国政策性担保业务实践中应当首先建立各级各类政策性担保机构的独立运营机制，同时根据财政出资比例施加一定的业务范围限制，使其能够形成自我约束，通过专业优势的培育实现可持续运行，进而放大政策效果。

6.3.2 借助各参与主体降低信息成本

农业担保机构服务农业客户将面临极高的交易成本，除了与分散的农户之间存在的操作成本外，甄别农业客户风险水平、剔除高风险客户还需要耗费大量信息成本。国际经验表明，政策性担保机构可以通过与金融机构建立长期的业务合作关系，或者将具备信息优势的各类农业产业组织纳入担保业务链条，有效降低自身运营成本。中国既往的农业担保业务实践中，缺乏银担之间的长期互信，也不善于发挥农业产业组织的信息优势。担保机构大多通过扩大单笔业务规模、减少客户数量来降低交易成本，大量小规模农户遭遇"担保排斥"，政策效果被大大削弱。鉴于此，中国政策性农业担保实践中，应当注重业务模式的搭建，将地方政府和各种农业产业组织纳入担保业务链条，依托其长期服务农户过程中积累的丰富信息，发挥其在客户推荐、客户筛查和风险防控中的作用。

6.3.3　培育政策性担保机构专业优势

经验分析表明，各国农业担保机构在农业担保产品开发、农业项目风险评估和农业综合服务等方面建立了突出的专业优势，不仅有助于降低自身成本和风险，提高收入的多元化水平，而且能够向金融机构实施技术输出。依托自身专业优势，担保机构通过帮助金融机构降低成本和风险，提高了金融机构参与农业担保贷款的积极性。中国农业信贷担保实践中，担保机构往往缺乏上述专业优势，不但导致自身经营难以持续，而且难以吸引金融机构参与发放担保贷款，在银担关系中处于被动地位。鉴于发展中国家的上述经验，中国应当在赋予农业担保机构独立运行地位和明确业务范围的基础上，引导其针对各地优势特色农业产业特点，开发专业化的农业担保产品。同时引导其开发相应的风险管理模型，在最大限度上发挥担保机构专业优势在降成本、降风险和提高金融机构参与积极性等方面的作用。

6.3.4　对各参与主体实施激励和约束

农业担保机构介入农业信贷关系后，不仅面临客户的道德风险，而且面临银行以及其他参与主体的道德风险。发展中国家农业担保机构通过自身专业优势的建立和技术的输出，对金融机构和其他参与主体施加了有效激励。同时，他们通过设定免责条款和动态化和差异化的风险分担比例来控制合作伙伴的道德风险。中国农业信贷担保实践中，担保机构因缺乏对合作伙伴的激励约束机制而面临极大的道德风险，政府出资设立的担保机构甚至成为金融机构和客户转嫁风险的对象。因此，中国农业信贷担保可以通过专业优势的建立向合作伙伴提供更丰富的专业服务，从而对其施加有效的激励，在此基础上建立合理的风险分担机制，根据客户风险水平以及银行风险管理能力设置差异化和动态化的担保费率和担保比例，对其施加有效的约束，控制合作对象的道德风险。

6.3.5 建立完善的政府支持政策体系

各国政策性农业担保运作过程中，财政支农工具和政策性金融工具的综合运用、各种风险补偿基金的建立以及风险管理工具的运用，都降低了担保机构的成本和风险。中国既往农业担保实践中，在财政资金对担保机构的投入规模小和持续性差的条件下，不注重财政资金的整合运用以及农业政策性金融工具的组合使用，政府性资金和政策各自为政，一方面对农业担保支持不足；另一方面也无法发挥担保工具的杠杆作用。此外，担保机构也缺乏农业风险管理工具的使用技能和经验。为此，中国应当发挥农业担保工具整合财政支农资金的龙头作用，以及对政策性农业金融工具和农业风险管理工具的聚合作用，为农业担保作用的发挥搭建更广阔的平台。

6.4 本章小结

本章旨在提炼发达国家和发展中国家政策性农业融资担保有效运行模式经验，为中国政策性农业融资担保有效运行提供经验借鉴。为此，本章首先概括了意大利、荷兰、尼日利亚、墨西哥、爱沙尼亚和坦桑尼亚六个国家政策性农业融资担保的运行模式；其次提炼出上述国家政策性农业融资担保有效运行的基本经验，包括建立独立专注的担保机构、构建多样化的业务模式、强化担保机构专业优势、完善的激励约束机制、健全的政府支持政策五个方面；最后本章基于上述经验总结出提高担保机构的独立性持续性、借助各参与主体降低信息成本、培育政策性担保机构专业优势、对各参与主体实施激励和约束、建立完善的政府支持政策体系五个方面的政策启示。

第 7 章

政策性农业融资担保有效运行模式构建思路与建议

7.1 提高农业融资担保有效性的
对策建议：担保机构视角

7.1.1 丰富农业担保合作业务模式类型

合作业务模式是政策性农业担保体系建设初期，担保机构服务网络不健全的条件下，降低农业信贷交易过程中信息成本的有效手段。在政府合作模式、银行合作模式和产业链合作模式基础上，政策性担保机构可以深挖农业生产经营关系中信息富集的节点，构建更为丰富的合作业务模式降低信息成本，提高政策性农业融资担保的有效性。一是拓展与市县两级政策性担保机构的合作。许多地方政府仍有一部分政策性担保机构，尤其是农业担保机构维持经营，但其涉农业务相对较少、经营规模相对较小。省级政策性担保机构可以通过入股（控股）、并购或签订业务合作协议等方式搭建合作业务模式，依托其信息优势扩展客户来源渠道、加强对客户风险的识别及管控。二是拓展与非银行金融机构的业务合作。在各类商业银行以外，农业保险公司、农业期货公司通过各自的专业服务掌握了大量农业经营主体信息，担保机构可以通过与上述主体的合作拓宽客户及信息来源渠道。三是拓展与农业产业链节点的合作。在农业龙头企业、农业合作社以外，农业电商平台、农业信息化服务平台以及农业科技公司（如农业无人机公司或服务商等）已经成为新兴的农业产业链节点，其具有客户数量大、信息富集程度高、信息准确性高等优势，通过与农业电商平台的合作，有助于拓宽担保机构获客渠道，降低农业信贷交易成本。

7.1.2 借助金融科技加快业务模式转型

数字化转型是农业发展不可逆转的潮流，随着智能化生产设施的部署和农业大数据资源的丰富，农业担保机构应当充分利用金融科技手段，加快构建自主业务模式，降低信息成本，提高政策性农业融资担保有效性。一是建设数字化的客户直连入口，加快建设自主获客渠道。例如，政策性担保机构可以依托当前全国农担体系推广的"信贷直通车"模式，搭建线上客户直连入口，并将线上获客入口（二维码、网络链接等）植入各类农业生产经营生态平台，降低直接获客成本，逐步降低对合作业务模式的获客依赖。二是利用农业和金融大数据，降低甄别客户所需的信息成本。通过对接政府农业大数据、购买第三方大数据、与金融机构共享业务数据等方式，丰富客户信用评价数据维度，提高客户信用评价准确性。例如，购买身份核验、反欺诈等第三方风控服务，结合政府大数据建设进展逐步接入治安、财政补贴、农业保险、纳税、社保、工商登记、房产、车辆等政府大数据系统，对客户信息实施自动交叉核验，提高风控水平等。三是借助金融科技手段，降低经营管理成本。利用物联网、云计算和人工智能等技术提高业务办理的线上化、批量化、自动化和智能化水平，简化和压缩担保机构与银行、客户三者之间的审批业务流程，降低经营管理成本。

7.1.3 培育政策性担保机构的专业优势

政策性担保机构的专业优势的增强，不仅可以降低农业信贷交易成本，而且可以增强政策性农业融资担保在农业信贷市场的话语权，通过银行竞争机制提高银行成本和风险分担比例，还有助于拓宽担保机构收入来源，增强担保机构代偿损失自我补偿能力。因此，政策性担保机构专业优势的增强，有助于提高政策性农业担保有效性。基于本书的研究，政策性农业担保机构的专业优势至少包括农业担保贷款产品体系、农业经营主体信用风险评价体系以及农业生产经营与技术服务体系等方面。培育政策性担保机构的专业优势，一是开发面向细分市场的标准化农业担保贷款产品。结合农业生产区域特点、农业产业特点和农业经营主体类型特点，基于其资金需求规律、资金运行规律，设计开发标准化的农业担保贷款产品。二是完善面向不同农业产业领域的信用风险评价体系。结合农业生产区域特点、农业产业特点和农业经营主体类型特点，分析其风险特征及发生规律，研发兼顾共性和个性的信用风险评价模型，辅之以金融科技手段，提高农业经营主体风险评价准确性。三是增强行业研究和农业生产经营与技术服务能力。担保机构可利用经营过程中积累的人员和信息优势开展农业行业研究，加强对农业产业发展趋势、价格走势和风险走势的研判，指导客户调整生产规模、提升技术水平、升级产品与服务以规避经营风险，降低担保贷款风险水平。此外，专业的信用风险评价和行业研究能力可以逐步发展为农业金融或农业生产咨询服务，丰富政策性农业担保机构收入渠道、改善其收入结构，进而增强其可持续发展能力。

7.1.4　完善农业担保贷款风险分担机制

缺乏风险分担机制是我国政策性农业融资担保有效运行的重要制约因素。本书理论及实证部分的研究表明，完善的风险分担机制一方面可以控制农业担保贷款各参与主体的机会主义行为；另一方面可以分散政策性担保机构承担的违约风险，进而增强政策性担保机构的可持续发展能力，提高农业经营主体信贷可得性。从政策性担保机构角度，可以通过以下措施完善农业担保贷款风险分担机制：一是对客户实施差异化担保费定价。对于前期履约行为良好的客户实施优惠担保费率，同时引导商业银行降低贷款利率，对履约行为不佳的客户实施业务禁入或者上浮担保费率。二是建立差异化和动态化的银担风险分担比例。根据合作银行风险管理水平确定银担风险分担比例，银行风险管理水平越高、担保贷款不良率越低，担保机构分担的风险比例越高（即提高担保比例）；反之，则要求银行金融机构提高风险分担比例，降低担保机构分担的风险比例（即降低担保比例）。同时，根据合作银行担保贷款不良率变动情况动态调整担保比例。三是建立差异化和动态化的政担风险分担比例。根据与金融机构和地方政府既往合作业务的不良率和代偿率设定差异化的风险分担机制，对于所推荐客户风险水平低，在贷后（保后）管理到位的金融机构和地方政府，降低其风险分担比例，对于所推荐客户质量差，贷后（保后）管理不到位导致违约率和不良率较高的金融机构和地方政府，暂停业务合作或者提高其风险分担比例。同时，在此基础上随时间的推移建立动态调整机制。上述三种措施可以有效控制业务合作对象道德风险，降低农业担保机构风险成本，提高政策性农业融资担保有效性。四是引入风险管理工具完善风险分担机制。引入农业保险公司，通过与农业保险公司开展信息共享等方式，将农业保险产品，尤其是政策性农业保险产品嵌入担保业务链条，探索与农业"保险＋期货"的合作业务模式。该措施有助于分散农业经营主体面临的系统性风险和价格风险，使担保机构专注于分担农业经营主体的信用风险，进而提高政策性农业融资担保有效性。

7.1.5　激活农业信贷市场银行间的竞争

在专业优势不足的条件下，政策性担保机构无法分担银行金融机构发放农业贷款的成本和风险，因而对银行金融机构缺乏吸引力，农业担保贷款市场则因为金融机构参与不足而缺乏竞争，不仅导致政策性担保机构市场话语权微弱、承担过多的代偿风险，而且无助于提高农业经营主体信贷可得性。

在政策性农业担保机构建立专业优势的条件下，便可以利用成本和风险分担提高金融机构农业信贷投放积极性，此时，政策性担保机构可以通过以下措施构建竞争性的农业担保贷款市场：一是提高中小金融机构参与积极性。利用央行支农支小再贷款降低中小金融机构负债成本，在担保机构可持续条件下尽可能提高对中小金融机构的成本和风险分担力度，激励其参与农业担保贷款业务。二是搭建商业银行竞争平台。设计担保额度竞拍、农业经营主体自选银行等机制，激励商业银行争夺担保贷款客户，引导银行金融机构扩大农业信贷投放、降低农业贷款利率。三是引导商业银行开展有序竞争。基于客户群体或业务类型划分业务合作银行，在共同制订业务发展目标和考核标准、激励金融机构开展竞争的同时，避免金融机构陷入恶性竞争循环。

7.2 提高农业融资担保有效性的政策建议：各级政府视角

7.2.1 保障政策性担保机构的独立运营和市场化决策

本书研究表明，建立独立运行、专注农业的政策性担保机构及确保政策性担保机构独立运营和市场化决策的制度框架，是政策性农业融资担保有效运行的基础。案例分析部分也表明，政策性农业融资担保无论采用何种运行模式，都需要以政策性担保机构的独立运行、专注农业为基础。在此基础上，才能避免政策性担保机构过度追求非农担保及大额农业担保的"使命漂移"，迫使其培育专业优势、完善运行机制，进而形成有效运行模式。因此，相关政策建议包括：一是巩固政策性担保机构独立运行的制度要求。中央政府财政、农业农村等部门加强对政策性担保机构独立性的保护，避免地方政府采用国有金融机构整合等方式，将政策性担保机构并入地方政府金融控股平台。各级地方政府设立政策性农业融资担保机构，也应当遵循这一原则。二是明确政策性农业担保机构支农支小的服务目标。结合农业产业融合发展特点制定政策性农业融资担保支持的产业"白名单"或"负面清单"，避免政策性担保机构业务范围泛化。三是加强对政策性担保机构治理结构及决策机制的监管。引导其完善法人治理结构及市场化的经营管理体制，避免地方政府干预政策性担保机构经营管理决策导致的代偿损失。

7.2.2　加快建设政府农业大数据体系及共享应用模式

政府是大数据，尤其是农业大数据的重要来源及大数据体系建设的重要主体。政策性农业融资担保机构一方面可以通过自建生态的方式采集农业大数据；另一方面也需要接入和利用政府大数据体系。为推动农业政策性担保的数字化转型，各级政府应当加快推动农业农村金融服务数据平台与政务大数据，尤其是涉农政务数据的共建共享和互联互通及共享应用。一是为农业担保机构建设数字基础设施提供财政资金及融资政策支持。例如，利用地方专项债支持数字基础设施建设，允许农业担保机构从省级渠道申请地方专项债用于数字基础设施建设。运用政府新基建等专项资金支持农业担保机构数字基础设施建设。支持农业担保机构为其从事数字基础设施建设的权属企业提供贷款担保等。二是加快政府农业大数据体系建设。出台农业大数据建设标准，整合分散在不同涉农部门、不同业务系统的农业大数据，打破农业数据信息孤岛。加快农业大数据系统与公安、社保、税务等部门的互联互通。三是向政策性担保机构开放政府大数据应用。采用安全加密算法，在确保数据安全的前提下向政策性农业担保机构开放有关农业经营主体信用信息的政务大数据接口，例如财政税收数据、农村土地确权和基本农田保护区数据、常住人口户籍、婚姻登记、社保、车辆、治安数据、环境评价和环保处罚数据、民间借贷登记数据等。

7.2.3　推进财政金融支农政策工具整合及担保化运用

本书理论及实证部分的研究表明，政府的外部支持可以缓解政策性担保机构、农业经营主体及商业银行之间的激励相容冲突，帮助实现政策性农业融资担保的有效运行。例如，政府对农业担保机构的收入补贴、成本或风险补偿可以放宽农业担保机构的参与约束条件，通过提高政策性担保机构的可持续性，实现政策性农业融资担保的有效运行。但一直以来，我国财政支农资金整合进程缓慢，财政与金融支农政策工具运用协调性不佳，缺乏以政策性农业融资担保为转化载体的财政资金整合运用及财政金融支农政策工具融合运用，不利于发挥财政金融支农政策工具合力，以提高政策性农业融资担保运行的有效性。而政策性农业融资担保作为财政资金金融化运用的典型模式，可以将不同层级、不同类型的财政支农政策工具，尤其是财政资金用于支持特定农业产区、特定农业产业和特定农业经营主体获得信贷资金支持，并且可以通过市场化手段融合不同类型的政策性金融工具，同时提高政策性农业融资担保有效性和财政金融支农政策工具效能。为此，本书提出以下建议。

7.2.3.1　整合各级地方政府财政支农资金，为农业担保机构提供成本及风险补偿服务

一是在资金类型上，重点将省级及以下地方政府支农财政资金中，用于支持现代农业产业发展和农业经营主体的财政资金，以资本金注入、风险代偿、贴息等方式接入政策性农业担保平台。二是在整合运用方式上，通过设立委托贷款专项基金、市县担保贷款贴息、扩大风险补偿基金规模或提高风险分担比例等方式，接入政策性担保平台。三是从实施路径上，在市县两级开展利用政策性担保工具整合运用财政支农资金试点，总结提炼典型模式和有效经验后在全省范围内推广。四是从激励措施上，将财政支农资金整合运

用纳入县市政府业绩考核。

7.2.3.2　建立农业政策性金融工具融合机制，完善农业信贷担保成本及风险分担体系

一是总结目前政策性农业融资担保工具与央行支农再贷款工具的融合运用经验，扩大央行支农再贷款运用规模，降低银行尤其是农村商业银行资金成本，提高其农业担保贷款投放积极性。二是创新、总结和推广"担保 + N"的农业政策性金融合作业务模式，例如"政策性担保 + 政策性信贷""政策性担保 + 政策性保险"以及两种以上的融合业务模式。三是以政策性农业担保机构为平台，建立包括政策性银行、农业保险公司、涉农期货公司之间的合作机制，同步聚焦重点地区的重要农业产业、共建共享农业经营主体信用信息大数据，共担农业生产经营风险，提升农业政策性金融机构尤其是农业风险管理工具的政策效能。

7.2.3.3　建立财政金融支农政策部门协同工作机制，形成支持农业信贷担保政策合力

一是在宏观上发挥省级农业信贷担保工作指导委员会的协调功能，建立包括地方财政、发改、农业农村、地方金融监管，以及央行和银保监会派出机构在内的协调机制，就财政金融支持农业高质量发展的政策重点、支持范围和支持规模达成共识、形成默契。二是在微观上支持农业担保机构开展以政策性农业担保为平台和工具的财政金融政策协同支农模式研发，在用全用足财政金融支农政策基础上，形成一系列财政金融协同支农的担保业务模式。

7.2.4　构建政策性农业融资再担保体系及其运行机制

再担保体系是为政策性农业融资担保分担农业系统性风险的重要工具，

能够通过增强政策性担保机构可持续发展能力，提高政策性农业融资担保有效性。目前我国政策性农业的担保机构主要通过国家农担联盟的再担保服务进行风险分担。但既有再担保体系资本金规模有限，再担保能力不足，而且与省级地方政府的风险补偿机制协调性差，运行机制尚不成熟。为此，一是增强再担保能力。从中央和省级地方层面加大再担保体系注资力度，省级地方政府结合省内政策性农业融资担保业务规模，以一定比例扩大再担保机构（基金）资本金规模。二是建立中央和地方协调联动的再担保运行机制。在横向维度可以划分央地不同类型再担保机构的业务范围，在纵向维度上可以划分央地不同类型再担保机构的代偿比例，形成有机协调的再担保风险分担机制。

7.3 本章小结

本章旨在提出提高我国政策性农业融资担保有效性的对策建议。具体来说，政策性担保机构应当丰富农业担保合作业务模式类型、借助金融科技加快业务模式转型、培育政策性担保机构的专业优势、完善农业担保贷款风险分担机制、激活农业信贷市场银行间的竞争等方面。对于各级政府来说，应当保障政策性担保机构的独立运营和市场化决策、加快建设政府农业大数据体系及共享应用模式、推进财政金融支农政策工具整合及担保化运用、构建政策性农业融资再担保体系及其运行机制。

第8章

研究结论与展望

8.1　主要研究结论

基于本书前面的研究，主要研究结论包括以下六个方面。

（1）中国传统政策性农业融资担保缺乏独立专业的担保机构及可持续运作的制度基础，担保机构无法兼顾政策性和持续性双重目标。当前中国政策性农业融资担保体系日臻完善，政策性农业担保机构资本金实力逐年增强，政策性农业担保机构政策性、独立性和专注性突出，互利共赢的银担合作关系初步形成。同时，中国政策性农业融资担保业务规模逐年上升，担保业务覆盖面不断扩大，农业经营主体信贷可得性提高。但政策性农业融资担保政策效能有待提高，农业担保机构可持续能力有待增强。

（2）双重目标的冲突是中国政策性担保机构有效运行面临的最大挑战，其形成机理在于，政策性担保机构从事农业担保业务时面临的高成本、高风险与低收益的矛盾，导致政策性担保机构在扩大业务覆盖面和控制成本及风险之间面临两难选择。政策性农业融资担保有效性问题的实质是信息非对称条件下，农业担保贷款各参与主体之间的激励相容冲突。

（3）担保机构的引入有利于在抵押品不足的信贷市场中实现分离均衡，消除信贷配给，使偏好高风险项目的农业经营主体选择直接从银行获得贷款，而偏好低风险项目的农业经营主体选择通过担保机构从银行获得贷款。政策性农业融资担保实现有效运行需要满足的条件包括：一是政策性农业担保机构能够降低农业担保贷款信息成本；二是政策性农业担保机构能够降低农业经营主体反担保门槛；三是政策性农业担保机构能够降低政策性担保机构交易成本；四是政策性农业担保机构能够降低自身承担的风险成本；五是各级政府对农业担保机构提供成本和风险补偿；六是提高农业信贷市场竞争水平。

（4）我国新型政策性农业融资担保政策实践中，湖南、四川、浙江和黑龙江四个省份的政策性农业担保机构构建的政府合作、银行合作及产业链合作三种运行模式，能够有效降低农业信贷交易过程中的信息成本、采用灵活的反担保措施降低反担保门槛、利用批量化便捷化的交易模式降低农业信贷交易成本、构建风险分担机制以降低担保机构风险成本、借助政府支持转嫁农业融资担保的各项成本和风险、通过激活农业信贷市场银行竞争挤出银行垄断利润，实现了政策性农业融资担保的有效运行。

（5）部分发达国家和发展中国家已经具备有效运行的政策性农业融资担保体系。其运行模式的特点主要表现在建立独立专注的担保机构、构建多样化的业务模式、强化担保机构专业优势、完善的激励约束机制、健全的政府支持政策五个方面，其中，可供借鉴的经验在于，提高担保机构的独立性持续性、借助各参与主体降低信息成本、培育政策性担保机构专业优势、对各参与主体实施激励和约束、建立完善的政府支持政策体系五个方面。

（6）提高政策性农业融资担保有效性，对于政策性担保机构来说应当丰富农业担保合作业务模式类型、借助金融科技加快业务模式转型、培育政策性担保机构的专业优势、完善农业担保贷款风险分担机制、激活农业信贷市场银行间的竞争等方面。对于各级政府来说，应当保障政策性担保机构的独立运营和市场化决策、加快建设政府农业大数据体系及共享应用模式、推进财政金融支农政策工具整合及担保化运用、构建政策性农业融资再担保体系及其运行机制。

8.2　未来研究展望

本书基于信息非对称条件下，政策性农业融资担保持续性和政策性双重目标冲突的现实问题，以有效性问题为线索，重点探讨了政策性农业融资担保有效运行机理及条件，以及满足其有效运行条件的模式和机制，结合中国新型农业政策性融资担保实践中的典型案例及其成功经验，为中国政策性农业融资担保有效运行提供对策建议。随着中国新型农业政策性融资担保运行模式的成熟、业务规模的扩大以及微观样本的积累，在本书研究的基础上，至少可以围绕以下方面开展进一步研究。

（1）中国政策性农业融资担保政策效果评估及影响因素分析。中国政策性农业融资担保是否以及在多大程度上提高了农业经营主体的信贷可得性，需要更为深入的分析研究。为此，需要在获贷样本基础上收集足够数量的对照组样本，通过倾向得分匹配等因果识别技术，分析政策性担保介入后，是否能够提高农业经营主体获得银行贷款的概率。进一步地，可以围绕政策性农业融资担保各项微观运行机制和政府支持政策，开展对农业经营主体信贷可得性的影响因素分析，为运行机制和政府支持政策的完善提供更为细致的指导。

（2）中国政策性农业融资担保微观运行机制的有效性评价。政策性农业融资担保包括了不同的运行模式及一系列运行机制，例如银担合作模式、银担风险分担比例、反担保措施等。而基于完善的微观数据，针对具体某一项运行机制的分析，观察某项运行机制对农业经营主体获贷概率、贷款满足度、违约率的影响，可以评判某项运行机制的作用效果，为完善政策性农业融资担保运行机制提供决策依据。

（3）中国政策性农业融资担保政府支持政策作用效果评估。政策性农业融资担保各项政府支持政策，如是否对担保贷款进行贴息以及贴息力度，地方政府是否设立风险补偿基金及风险分担比例等。分析不同类型政府支持政策对农业经营主体获贷概率、贷款满足度、违约率的影响，以及对政策性担保机构可持续性的影响，对于确定政策支持力度和边界、完善政府政策支持方式具有重要参考价值。

（4）政策性农业融资担保运行模式的追踪研究及价值提炼。随着中国政策性农业融资担保传统运行模式的成熟，以及中国农业产业的数字化、集约化发展，政策性农业融资担保的业务模式将会不断迭代，概括其运行机制特点、提炼其理论价值，有助于指导政策性农业融资担保的业务模式的完善，提高其运行有效性。

参 考 文 献

［1］卞亦文，王有森．中小企业信用担保的信息不对称问题探讨［J］．中国管理信息化，2009（4）：43－45．

［2］陈其安，肖映红，程玲．中小企业融资的三方信贷担保模型研究［J］．中国管理科学，2008（S1）：210－214．

［3］陈秋明．国有独资公司：我国政策性担保机构法律形态最佳选择［J］．现代财经（天津财经大学学报），2011（3）：67－71．

［4］陈莹．台湾农业信用保证基金的运作模式与经验借鉴［J］．农村金融研究，2014（5）：69－73．

［5］崔晓玲，钟田丽．中小企业互助性信用担保运行机理分析［J］．管理学报，2010（12）：1873－1877．

［6］董晓林，吴昌景．四大担保模式化解农民贷款难题［J］．农业经济问题，2008（9）：35－40，111．

［7］董晓林，杨小丽．农村金融市场结构与中小企业信贷可获性——基于江苏县域的经济数据［J］．中国农村经济，2011（5）：82－92，96．

［8］付俊文，赵红．信息不对称下的中小企业信用担保数理分析［J］．财经研究，2004（7）：105－112．

［9］高阳．地方政府政策性担保支农政策有效性及风险研究［J］．财政

研究，2015（8）：42 – 46.

　[10] 郝蕾，郭曦. 卖方垄断市场中不同担保模式对企业融资的影响——基于信息经济学的模型分析 [J]. 经济研究，2005（9）：58 – 65.

　[11] 胡士华，李伟毅. 农村信贷融资中的担保约束及其解除 [J]. 农业经济问题，2006（2）：68 – 71，80.

　[12] 华中昱，林万龙. 贫困地区新型农业经营主体金融需求状况分析——基于甘肃、贵州及安徽 3 省的 6 个贫困县调查 [J]. 农村经济，2016（9）：66 – 71.

　[13] 黄海沧，李建琴. 中小企业信用担保的冷思考 [J]. 浙江社会科学，2003（4）：80 – 83.

　[14] 黄惠春，范文静. 政府功能视角下"政银担"贷款模式的运行机制——以山东和安徽为例 [J]. 南京农业大学学报（社会科学版），2019（2）：136 – 146，165.

　[15] 黄庆安. 农村融资性担保机构的运作模式及其效率：一个社会资本的分析视角 [J]. 上海金融，2014（12）：41 – 43.

　[16] 黄庆安. 农村信贷融资担保约束视角下的农村信用担保机制研究 [J]. 福建论坛（人文社会科学版），2011（8）：24 – 28.

　[17] 黄祖辉，俞宁. 新型农业经营主体：现状、约束与发展思路——以浙江省为例的分析 [J]. 中国农村经济，2010（10）：16 – 26，56.

　[18] 纪漫云，张丽丽，贾婷婷. 江苏农业信贷担保运作模式比较分析 [J]. 江苏农村经济，2016（4）：53 – 55.

　[19] 贾康，刘微，孟艳，孙洁，金荣学. 财政支持中小企业信用担保政策研究 [J]. 金融论坛，2012（4）：4 – 13.

　[20] 蒋例利，王定祥. 财政金融服务新型农业经营主体的绩效评价 [J]. 西南大学学报（社会科学版），2017（2）：54 – 64，198.

　[21] 金雪军，陈杭生. 桥隧模式：架通信贷市场与资本市场的创新型贷款担保运作模式 [M]. 杭州：浙江大学出版社，2007.

［22］孔荣，Calum G，Turvey，霍学喜．信任、内疚与农户借贷选择的实证分析——基于甘肃、河南、陕西三省的问卷调查［J］．中国农村经济，2009（11）：50－59.

［23］李成友，刘安然，袁洛琪，康传坤．养老依赖、非农就业与中老年农户耕地租出——基于 CHARLS 三期面板数据分析［J］．中国软科学，2020（7）：52－64.

［24］李成友，孙涛，王硕．人口结构红利、财政支出偏向与中国城乡收入差距［J］．经济学动态，2021（1）：105－124.

［25］李广子，熊德华，刘力．中小银行发展如何影响中小企业融资？——兼析产生影响的多重中介效应［J］．金融研究，2016（12）：78－94.

［26］林乐芬，法宁．新型农业经营主体银行融资障碍因素实证分析——基于 31 个乡镇 460 家新型农业经营主体的调查［J］．四川大学学报（哲学社会科学版），2015（6）：119－128.

［27］林丽琼．地理距离、关系与民间借贷违约风险——基于 240 个法院纠纷案件调查数据的分析［J］．亚太经济，2017（2）：128－134.

［28］林平，袁中红．信用担保机构研究［J］．金融研究，2005（2）：133－144.

［29］刘西川，程恩江．中国农业产业链融资模式——典型案例与理论含义［J］．财贸经济，2013（8）：47－57.

［30］刘西川，黄祖辉，程恩江．贫困地区农户的正规信贷需求：直接识别与经验分析［J］．金融研究，2009（4）：36－51.

［31］刘志荣．农业信贷担保服务体系建设的模式、困境及发展选择［J］．江淮论坛，2016（3）：12－18.

［32］马九杰，沈杰．中小企业融资中抵押品替代机制研究——以互助性信用担保机构为例［J］．经济体制改革，2010（5）：123－128.

［33］马九杰，吴本健．利率浮动政策、差别定价策略与金融机构对农户的信贷配给［J］．金融研究，2012（4）：155－168.

[34] 马松，潘珊，姚长辉. 担保机构、信贷市场结构与中小企业融资——基于信息不对称框架的理论分析 [J]. 经济科学，2014 (5)：62 – 78.

[35] 马松，潘珊，姚长辉. 担保机构与中小企业贷款：银行视角下的合谋还是合作? [J]. 财经研究，2015 (7)：41 – 53.

[36] 孟光辉. 农村产权资产融资担保方式研究 [J]. 农业经济问题，2013 (8)：69 – 76，111.

[37] 钱克明，彭廷军. 关于现代农业经营主体的调研报告 [J]. 农业经济问题，2013 (6)：4 – 7，110.

[38] 盛世杰，周远游，刘莉亚. 引入担保机构破解中小企业融资难：基于期权策略的机制设计 [J]. 财经研究，2016 (6)：63 – 73.

[39] 田晓勇. 欠发达地区建立"三农"融资担保体系的实践与思考 [J]. 西部金融，2015 (12)：32 – 36.

[40] 王传东，王家传. 信贷配给视角下的农村中小企业融资担保 [J]. 农业经济问题，2006 (6)：48 – 51.

[41] 王玮，何广文，于丽先. 信用担保作用机制与政府支持农信担保的路径选择——以昆山农村合作经济投资担保公司为例 [J]. 经济与管理研究，2007 (11)：74 – 79.

[42] 温信祥. 日本农村信用担保体系及启示 [J]. 中国金融，2013 (1)：85 – 87.

[43] 文学舟，梅强. 基于主成分分析的三种担保机构经营绩效比较及评价——以江苏担保实践为例 [J]. 华东经济管理，2013 (6)：5 – 9.

[44] 文学舟，吴永顺. 我国政策性担保机构面临的制度约束及优化设计——基于江苏、山东、四川 3 省担保机构的实证分析 [J]. 科技管理研究，2014 (15)：17 – 21.

[45] 吴本健，王蕾，罗玲. 金融支持乡村振兴的国际镜鉴 [J]. 世界农业，2020 (1)：11 – 20，57.

[46] 吴祥江，胡日东. 信息不对称理论下的我国担保机构运作模式选

择［J］．宏观经济研究，2009（8）：51 – 55．

［47］向阳．农村金融信用担保体系建设的思路及对策［J］．湖北行政学院学报，2008（4）：64 – 67．

［48］辛德树，刘学忠，兰澄世．农村信贷"中介—担保人"问题的制度经济学解说［J］．农业经济，2005（12）：46 – 47．

［49］杨大楷，韩其成．民营企业商业信贷配给与相应信用担保体系完善［J］．财政研究，2003（7）：60 – 62．

［50］杨胜刚，胡海波．不对称信息下的中小企业信用担保问题研究［J］．金融研究，2006（1）：118 – 126．

［51］姚宇韬，王跃堂，张润驰．农户信贷违约特征影响因素研究［J］．现代经济探讨，2018（11）：58 – 63．

［52］叶莉，胡雪娇，陈立文．中小企业政策性融资担保的实践效应——基于上市中小企业及银行的实证研究［J］．金融论坛，2016（6）：48 – 61．

［53］殷志军，王寅．信息不对称视角下信用担保机构运行机理分析［J］．浙江社会科学，2010（8）：38 – 45．

［54］殷志军，朱发仓．信用担保机构运行效率实证研究——以浙江省为例［J］．软科学，2011（1）：51 – 56．

［55］尹志超，钱龙，吴雨．银企关系、银行业竞争与中小企业借贷成本［J］．金融研究，2015（1）：134 – 149．

［56］张会元．地方融资性担保机构发展分析［J］．中国金融，2010（21）：77 – 78．

［57］张琴，赵丙奇．从农村金融需求的视角看农村金融改革［J］．软科学，2006（2）：88 – 91．

［58］张烁珣，独旭．银行可得性与企业融资：机制与异质性分析［J］．管理评论，2019（5）：3 – 17．

［59］张谊浩，陈柳钦．银行业市场结构、利率决定和信贷风险［J］．管理评论，2004（3）：40 – 44，50 – 64．

［60］张照新，赵海. 新型农业经营主体的困境摆脱及其体制机制创新［J］. 改革，2013（2）：78 - 87.

［61］张卓琳. 中小企业信用担保机构有效运行模式研究［D］. 长沙：中南大学，2005.

［62］赵学军. 信用担保制度的变迁与农户融资的困境——兼论农村金融体系建设中担保体系建设优先性［J］. 中国经济史研究，2014（4）：129 - 140.

［63］周顺兴，林乐芬. 银行业竞争、村镇银行发展与小微企业信贷可得性——基于江苏省县域面板数据的分析［J］. 金融论坛，2015（11）：63 - 72.

［64］朱乾宇，罗兴，马九杰. 我国台湾地区农业信用保证的制度安排及启示［J］. 农业经济问题，2015（2）：52 - 59.

［65］朱乾宇，马九杰. 农业担保公司的担保能力建设［J］. 中国金融，2012（14）：72 - 73.

［66］Agostino M，Gagliardi F，Trivieri F. Bank competition，lending relationships and firm default risk：an investigation of Italian SEMs［J］. International Small Business Journal，2012，30（8）：907 - 943.

［67］Akerlof G A. The market for "lemons"：quality uncertainty and the market mechanism［J］. Quarterly Journal of Economics，1970，84（3）：488 - 500.

［68］Arráiz I，Meléndez M，Stucchi R. Partial credit guarantees and firm performance：evidence from Colombia［J］. Small Business Economics，2014（43）：711 - 724.

［69］Bain J S. Relation of profit rate to industry concentration：American manufacturing，1936 - 1940［J］. Quarterly Journal of Economics，1951，65（3）：293 - 324.

［70］Barro R J. The loan market，collateral，and rates of interest［J］. Journal of Money Credit & Banking，1976，8（4）：439 - 456.

［71］Beck T, Klapper L F, Mendoza J C. The typology of partial credit guarantee funds around the world ［J］. Journal of Financial Stability, 2010, 6 (1): 10 – 25.

［72］Besanko D, Thakor A V. Competitive equilibrium in the credit market under asymmetric information ［J］. Journal of Economic Theory, 1987, 42 (1): 167 – 182.

［73］Bester H. Screening vs. rationing in credit markets with imperfect information ［J］. American Economic Review, 1985, 75 (9): 850 – 855.

［74］Boot A W A, Thakor A V, Udell G F. Secured lending and default risk: equilibrium analysis, policy implications and empirical results ［J］. Economic Journal, 1991, 101 (406): 458 – 472.

［75］Chan Y S, Kanatas G. Asymmetric valuations and the role of collateral in loan agreements ［J］. Journal of Money Credit & Banking, 1985, 17 (1): 84 – 95.

［76］Columba F, Gambacorta L, Mistrulli P E. Mutual guarantee institutions and small business finance ［J］. Journal of Financial Stability, 2010, 6 (1): 45 – 54.

［77］Cowan K, Drexler A, Yañez A. The effect of credit guarantees on credit availability and delinquency rates ［J］. Journal of Banking & Finance, 2015, 59 (10): 98 – 110.

［78］Cowling M, Siepel J. Public intervention in UK small firm credit markets: value-for-money or waste of scarce resources? ［J］. Technovation: The International Journal of Technological Innovation, Entrepreneurship and Technology Management, 2013, 33 (8): 265 – 275.

［79］Cowling M. The Role of loan guarantee schemes in alleviating credit rationing in the UK ［J］. Journal of Financial Stability, 2010, 6 (1): 36 – 44.

［80］Green A. Credit Guarantee Schemes for Small Enterprises: An Effective

Instrument to Promote Private Sector-Led Growth? [R]. The United Nations Industrial Development Organization Working Paper, 2003, No. 10.

[81] Gropp R, Gruendl C, Guettler A. The impact of public guarantees on bank risk taking: evidence from a natural experiment [J]. Review of Finance, 2014, 18 (2): 457 –488.

[82] Grossman S, Hart O. An analysis of the principal-agent problem [J]. Econometrica, 1983, 51 (1): 7 –45.

[83] Hoff K, Stiglitz J E. Introduction: imperfect information and rural credit markets puzzles and policy perspectives [J]. World Bank Economic Review, 1990, 4 (3): 235 –50.

[84] Holmstrom B, Milgrom P. Mufti-task principal-agent analyses: incentive contracts, asset ownership and job design [J]. Journal of Law, Economics and Organization, 1991 (7): 24 –52.

[85] Honohan P. Partial credit guarantees: principles and practice [J]. Journal of Financial Stability, 2010, 6 (1): 1 –9.

[86] Lelarge C, Sraer D. Thesmar D. Entrepreneurship and credit constraints: evidence from a French loan guarantee program [A]. National Bureau of Economic Research (NBER). International Differences in Entrepreneurship [C]. Chicago: University of Chicago Press, 2010.

[87] Leone P, Vento G A. Credit guarantee institutions and SME finance [M]. London: Macmillan Publishers Limited, 2013.

[88] Levitsky J. Credit guarantee schemes for SMEs-an international review [J]. Small Enterprise Development, 1997, 8 (2): 4 –17.

[89] Li C, Jiao Y, Sun T, Liu A. Alleviating multi-dimensional poverty through land transfer: Evidence from poverty-stricken villages in China [J]. China Economic Review, 2021 (69): 101670.

[90] Ono A, Uesugi I, Yasuda Y. Are lending relationships beneficial or

harmful for public credit guarantees? evidence from Japan's emergency credit guarantee program [J]. Journal of Financial Stability, 2013, 9 (2): 151 – 167.

[91] Paravisini D. Local bank financial constraints and firm access to external finance [J]. The Journal of Finance, 2008, 63 (5): 2161 – 2193.

[92] Ross S. The economic theory of agency: theprincipals problem [J]. American Economic Review, 1973, 63 (2): 134 – 139.

[93] Samujh H, Linda J T. Credit guarantee schemes supporting small enterprise development: a review [J]. Journal of Business Finance & Accounting, 2012, 5 (2): 21 – 40.

[94] Stiglitz J E, Weiss A. Asymmetric information in credit markets and its implications for macro-economics [J]. 1992, 44 (4): 694 – 724.

[95] Stiglitz J E, Weiss A. Credit rationing in markets with imperfect information [J]. The American Economic Review, 1981, 71 (3): 393 – 410.

[96] Uesugi I, Sakai K, Yamashiro G M. The effectiveness of public credit guarantees in the Japanese loan market [J]. Journal of the Japanese & International Economies, 2010, 24 (4): 457 – 480.

[97] Zander R, Miller C, Mhlanga N. Credit guarantee systems for agriculture and rural enterprise development [M]. Rome: Food and Agriculture Organization of the United Nations (FAO), 2013.

[98] Zecchini S, Ventura M. The impact of public guarantees on credit to SMEs [J]. Small Business Economics, 2009, 32 (2): 191 – 206.